POCHES ODILE JACOB

LA NAISSANCE D'UNE MÈRE

DANIEL N. STERN
NADIA BRUSCHWEILER-STERN

avec ALISON FREELAND

LA NAISSANCE D'UNE MÈRE

Traduit de l'anglais (États-Unis)
par Claire Joly

Odile Jacob
poches

Ouvrage initialement paru chez BasicBooks, New York
sous le titre *The Birth of a Mother*

15, rue Soufflot, 75005 Paris

www.odilejacob.fr

ISBN : 978-2-7381-2265-0
ISSN : 1621-0654

À Adrien et Alice

La psyché maternelle ou le paysage mental d'une nouvelle mère

Ce livre traite de l'expérience intérieure qui consiste à devenir mère. En un sens, une mère doit naître psychologiquement tout autant que son bébé naît physiquement. Ce qu'une femme met au monde dans son esprit, ce n'est pas un nouvel individu, mais une nouvelle identité : le sentiment d'être mère.

Comment cette identité émerge-t-elle pour chaque femme et comment ce processus est-il vécu ? Il existe de nombreux livres sur les aspects pratiques et physiologiques de la maternité, mais il y en a beaucoup moins sur l'univers psychique dans lequel cette nouvelle identité va se développer. La maternité est le fruit d'un travail que chaque femme accomplit dans le paysage de son esprit et dont va découler une psyché maternelle, royaume d'une expérience intime profonde. Nous appellerons donc « psyché maternelle » cette organisation mentale unique, ce paysage subjectif qui appartient en propre à la femme qui devient mère.

La psyché maternelle ne naît pas au moment où

le bébé pousse son premier cri. La naissance d'une mère ne survient pas en un moment dramatique décisif ; elle apparaît progressivement, sous l'effet du travail cumulé des mois qui précèdent et suivent la naissance du bébé. Mais qu'est-ce qui produit cette psyché maternelle ? Dans quelle mesure est-elle propre à chaque femme et commune à toutes les mères ? Quelles sont les phases de son élaboration ? Comment identifier les passages qui mènent à ce remarquable royaume intérieur et comment apprendre à se repérer ? C'est le sujet de ce livre.

Cet ouvrage est le fruit du travail de trois personnes, dont deux femmes. Cependant, nous avons choisi la voix masculine de Daniel Stern pour introduire un regard extérieur, comme s'il avait fallu quelqu'un de plus éloigné pour mieux mettre en évidence un phénomène qui nous est si familier.

Nous commencerons par le commencement. Qu'est-ce qu'une mère au juste et qu'est-ce qui la différencie des autres femmes ? Cette question peut paraître simple ; en fait, elle remet en cause les principes fondamentaux auxquels adhèrent les psychologues et les thérapeutes.

Mon métier de psychiatre m'a amené à observer et à soigner des parents et des enfants. Pendant plus de trente ans, j'ai étudié le développement psychologique des tout-petits, fait des observations cliniques sur la relation mère-enfant et travaillé avec des mères et des bébés dont les relations étaient perturbées. J'ai longtemps cru qu'une mère était simplement une femme investie d'une responsabilité nouvelle qui l'obligeait à agir différemment, une femme qui avait à inventer des comportements et des sentiments nouveaux une fois qu'elle avait son bébé. J'étais persuadé qu'au fond, elle restait la même qu'avant la naissance de son bébé.

Les psychologues qui travaillent avec des mères s'appuient en général sur des théories largement reconnues. Ces théories sont pour la plupart fondées sur des principes généraux qui décrivent le fonctionnement psychique d'un grand nombre de personnes. Cherchant à établir des règles, les psychothérapeutes considèrent que tout individu est doté d'une organisation psychique ou psyché qui explique son comportement. Et celle-ci est censée être immuable.

La psyché est effectivement ce qui nous permet d'organiser notre vie psychique. Elle détermine ce que nous jugeons essentiel, ce à quoi nous sommes le plus sensible, ce qui nous frappe dans une situation donnée. Elle nous dicte ce que nous trouvons agréable et excitant, effrayant ou ennuyeux. Elle influence nos choix et nos manières d'agir. En bref, elle organise notre vie psychique et fait de nous des individus cohérents.

Selon ses orientations, le psychologue se référera au complexe d'Œdipe, à telle personnalité anxieuse ou sûre d'elle, à tel caractère dépendant ou indépendant, et il utilisera ces théories pour aider la personne à comprendre son fonctionnement psychique. Dans toutes ces théories, la maternité n'est jamais montrée autrement que comme une légère variation par rapport à une organisation mentale déjà existante. Personne ne s'est jamais dit que la vie psychique d'une femme pouvait radicalement changer avec l'arrivée d'un bébé.

J'ai moi-même fait cette erreur pendant des années jusqu'à ce que mon coauteur (qui se trouve être ma femme) m'aide à comprendre que les modèles psychologiques traditionnels ne tenaient pas compte de l'influence de la maternité sur l'organisation mentale féminine. Il s'agit d'un constat tout simple, mais il a des implications profondes non seulement pour les psychologues, mais pour chaque femme qui découvre la maternité. En devenant mère, une femme développe une organisation mentale radicalement différente de celle qu'elle avait auparavant et fait des expériences inconnues des non-mères. Peu importe ses motivations, ses fragilités et ses réactions émotionnelles antérieures, lorsqu'une femme devient mère, elle fonctionne selon des principes psychiques entièrement nouveaux. Cette nouvelle psyché maternelle met de côté son organisation psychique antérieure et fait irruption pour occuper le devant de la scène, modifiant radicalement son paysage intérieur.

La singularité de la psyché maternelle a été une sorte de révélation pour moi ; aujourd'hui, elle me semble à bien des égards aller de soi. Après tout, lorsqu'une femme se prépare à devenir mère, elle fait une expérience qui n'est comparable à aucune autre. Le fait d'avoir un bébé dominera vos pensées, vos peurs, vos espoirs et vos désirs pendant un certain temps. Cela influera sur vos sentiments et vos actions et augmentera même l'acuité de votre système sensoriel et réceptif. Cela réorientera vos préférences et vos plaisirs et redéfinira sans doute certaines de vos valeurs. L'arrivée d'un enfant aura une influence sur toutes vos relations antérieures et vous obligera à réévaluer vos amitiés les plus intimes et à redéfinir votre rôle dans votre famille.

En tant que mère, vous donnerez nécessairement naissance à une psyché maternelle qui, pendant un temps, sera comme une étoile qui guide vos pas dans le chemin de la vie. Il ne s'agit pas seulement d'une réorganisation de votre vie psychique, mais d'une organisation entièrement nouvelle qui existera à côté de la précédente (et qui l'influencera très certainement). Voilà ce qui se passera dans votre esprit pendant que physiquement, vous apprendrez à effectuer toute une série de nouvelles tâches — donner le sein, éduquer, jouer, endormir et commencer à aimer ce nouvel être humain. Pas étonnant que le paysage intérieur des mères ait si peu été exploré et expliqué. Elles ont à peine le temps de l'identifier elles-mêmes !

Vous qui entendez cela pour la première fois, vous vous demanderez peut-être si cette nouvelle psyché va demeurer toute la vie durant. Mon expérience de clinicien m'a appris que oui, mais qu'elle n'occupait pas toujours le devant de la scène. Juste après la naissance d'un bébé, la psyché maternelle va envahir toute votre vie psychique, déterminant immédiatement vos pensées et votre comportement.

Votre ancien fonctionnement psychique est simplement repoussé à l'arrière-plan — pour combien de temps, cela dépend des femmes. La psyché maternelle peut dominer pendant des semaines, des mois, voire des années. Très souvent, ce sont des considérations d'ordre pratique ou financier, comme la nécessité de retourner travailler, qui déterminent la durée du règne exclusif de la psyché maternelle.

À mesure que les exigences de la vie vous demandent plus d'attention, la psyché maternelle va perdre en importance. Mais elle ne disparaîtra jamais entièrement. Elle est là en coulisse, toujours prête à se manifester en cas de besoin, quand votre enfant est malade, qu'il a des problèmes ou qu'il est en danger. Quel que soit son âge, lorsque votre enfant aura besoin de vous, la mère resurgira en vous.

Pendant des années, une chaîne de télévision newyorkaise diffusait le message suivant : « Il est dix heures du soir. Savez-vous où sont vos enfants ? » Je suis sûr que toute mère entendant ces mots pensait à ses enfants, qu'ils aient quarante semaines ou quarante ans. À ce moment-là, la psyché maternelle refait surface, prête à agir si nécessaire.

L'organisation psychique propre à la maternité

devient une nouvelle identité que vous utiliserez d'abord abondamment, puis à des moments précis. Mais sa présence fera de vous un être unique, ce que nos théories psychologiques ont été incapables de prévoir. Vous ne serez plus jamais la même qu'avant la naissance du bébé et si cette transformation ne doit pas vous effrayer, elle ne doit pas non plus être prise à la légère. Voici certains des changements les plus notables qui vous attendent.

LE PASSAGE DE FILLE À MÈRE

Vous avez toujours été la fille de votre mère et cette relation, qu'elle soit bonne ou mauvaise, a toujours été au cœur de votre identité. Quand vous aurez un enfant, vous vous identifierez avant tout comme mère. Au moment où votre vie de fille s'achève, votre futur de mère commence avec toutes ses formidables possibilités.

Ce simple changement, qui se fait sur un temps très court, ne va pas sans un sentiment de perte, mais il s'accompagne également d'un merveilleux sentiment de conquête. Vous ne serez plus jamais simplement une fille. Ce changement d'identité va provoquer des émotions contradictoires qui suivent souvent la naissance d'un enfant. D'où un sentiment de bonheur et de tristesse mélangés — bonheur d'avoir un enfant, tristesse de ce qu'on laisse derrière soi.

L'IMPORTANCE ACCRUE DES AUTRES FEMMES

Après avoir eu votre bébé, vous serez sans doute surprise de la manière dont vous percevrez les gens autour de vous. Vous vous intéresserez sans doute beaucoup plus aux autres femmes. Beaucoup de nouvelles mères se désintéressent effectivement des hommes. La plupart des jeunes mères éprouvent en particulier une curiosité accrue à l'égard de leur mère, et moindre à l'égard de leur père. Vous voudrez sans doute savoir comment votre propre mère s'est occupée de vous il y a des années, et pas tellement comment elle se sent aujourd'hui dans son rôle d'épouse et de femme.

La plupart des théories psychologiques actuelles considèrent la relation des femmes entre elles à la lumière des relations qu'elles ont avec les hommes. Lorsqu'ils parlent de l'interaction entre deux femmes, bon nombre de psychologues représentent cette relation comme un triangle dont le troisième côté est un homme, qu'il soit présent ou non. Voilà une autre théorie bien établie qui doit changer. Quand une femme vient d'avoir un bébé, il vaut mieux considérer ses relations avec les femmes indépendamment des hommes.

UNE PERCEPTION DIFFÉRENTE DE SON MARI

Quelle est la place de votre mari dans cette nouvelle communauté de femmes ? Vous le percevrez sans doute différemment et vous vous intéresserez sans doute davantage à son identité de père qu'à son identité de conjoint. C'est vrai également chez certains animaux. Une femelle babouin avec un nouveau-né acceptera qu'un nouveau mâle partage sa vie à la seule condition qu'il s'occupe bien de son petit. Pour vous aussi, consciemment ou inconsciemment, ce seront les qualités de père qui vous séduiront en priorité chez votre conjoint.

Les hommes ont souvent du mal à comprendre ce changement, en particulier dans la mesure où il est souvent accompagné d'une diminution du désir sexuel chez la nouvelle mère. Ils éviteront de se sentir blessés en faisant l'effort d'apprendre le langage et les sentiments qui sont associés à la psyché maternelle. Il est important qu'ils comprennent qu'ils assistent à un changement naturel et inévitable, particulièrement prononcé dans les mois qui suivent immédiatement la naissance de l'enfant.

Pendant un temps du moins, il y a un changement de priorités ; le sexe, l'agressivité, la compétition et la domination sont relégués à l'arrière-plan alors que les soins, la coopération, l'éducation et la créativité occupent le premier plan.

L'APPARITION DE NOUVEAUX TRIANGLES

On a longtemps pensé que le triangle père-mère-enfant jouait un rôle essentiel dans la formation de la personnalité. Nous sommes tous issus d'un triangle de ce type et à la naissance de notre enfant, ce triangle se déplace une génération plus bas. Je suis néanmoins persuadé qu'un deuxième triangle, d'une importance psychologique égale, apparaît chez la nouvelle mère. Ce triangle comprend vous, votre bébé et votre mère. À mesure que la psyché maternelle se forme, l'histoire de votre propre éducation devient cruciale. Vous vous surprendrez sans doute à vous interroger sur votre mère et sur les autres figures maternelles qui ont compté dans votre vie et vous vous demanderez si elles conviennent ou non comme modèles pour votre nouveau rôle de mère.

GARANTIR LA SURVIE DU BÉBÉ

La plupart des mères sont tout simplement terrifiées lorsqu'elles prennent conscience qu'elles sont soudain responsables de la vie de quelqu'un d'autre. C'est une situation difficile et fortement chargée, en particulier lorsqu'il s'agit d'un premier enfant. Vous avez beau vous considérer comme une personne responsable, cette responsabilité-là est à une tout autre échelle. Et en plus de maintenir votre bébé en vie, vous allez devoir l'aider à grandir et à s'épanouir. La confiance et l'assurance nécessaires pour accomplir cela se développeront progressivement quand vous commencerez à voir, de vos propres yeux, votre bébé prospérer. Cette réussite révèle que vous êtes capable de donner à votre enfant ce dont il a besoin, que vous êtes effectivement mère. Elle s'accompagne d'un sentiment de validation profond et serein.

LE BESOIN DE RECONNAISSANCE

Toutes les mères ont besoin d'être confortées dans leur nouvelle identité. Vous vous retrouverez sans doute à vous constituer un réseau d'amis et de parents, vivant à proximité ou que vous pouvez appeler au téléphone. Il est important que ce réseau comprenne des gens qui ont l'expérience des enfants, ce qui en général implique un petit cercle intime d'autres mères. Ce genre de réseaux vous permet, en toute sécurité, de formuler vos peurs et d'aller à la découverte de votre rôle et de votre instinct de mère. Le besoin de se constituer un tel réseau fait partie de la psyché maternelle.

AIMER ET ÊTRE AIMÉE

Dans une large mesure, la manière dont vous aimez votre bébé lui permettra d'aimer et d'être aimé à son tour. Même si vous avez eu l'impression de faire connaissance avec votre bébé pendant votre grossesse, un nouveau-né reste un mystère pour une nouvelle mère. En même temps, vous ressentirez une puissante attirance pour ce petit inconnu. Une nouvelle mère apprend aussi à se laisser aimer par son bébé. Cette attention aux liens d'amour et d'attachement, toujours en évolution, qui l'unissent à son bébé fait également partie de la psyché maternelle.

UNE SENSIBILITÉ NOUVELLE

En tant que nouvelle mère, vous allez réagir différemment au monde qui vous entoure. Votre vision, votre ouïe et votre odorat vont développer une sensibilité nouvelle. Comme en atteste cette mère :

> Peu après la naissance de mon bébé, je me suis rendu compte que je réagissais complètement différemment. Je m'en suis aperçue en regardant des informations à

la télévision à propos d'une terrible tempête. Ils montraient une mère qui essayait d'atteindre la maison où son bébé était enfermé. Avant même d'avoir réalisé, j'avais les larmes aux yeux et l'estomac retourné. Après cela, toute histoire concernant la mort ou la maladie d'un enfant m'est devenue quasiment insupportable. J'ai arrêté de regarder les informations et pendant longtemps, j'ai évité de lire les articles de journaux ou de magazines où il était question d'enfants à qui il arrivait malheur. C'est comme si je m'étais soudain identifiée aux mères du monde entier.

Un grand nombre de mères à qui j'ai parlé m'ont fait part d'expériences similaires. Elles n'en revenaient pas que des situations qui, autrefois, ne les émouvaient pas outre mesure paraissent à ce point différentes à leurs yeux de mère.

SUIVRE SON INTUITION

Quand vous aurez votre bébé, vous vous surprendrez plus d'une fois à agir sans réfléchir. Guidée par votre instinct maternel, vous inventerez de nouvelles manières de tenir votre bébé, de le toucher et de produire des sons qui établiront les bases de votre relation à lui. Assez vite, vous vous rendrez compte que vous possédez un répertoire de réactions et de comportements instinctifs qui vous était jusque-là inaccessible.

Avant l'arrivée du bébé, vous vous êtes sans doute efforcée de mener votre vie de manière rationnelle et contrôlée. Peut-être votre travail exigeait-il des réactions prévisibles ou vous maintenait-il dans une routine sans surprise. Avec un bébé, cependant, l'essentiel de votre temps sera consacré à des activités spontanées, ce qui suppose que vous puisiez aveuglément dans votre « sac à intuitions » et que vous trouviez sur le moment la réaction qui convient. Certaines femmes s'adaptent facilement à ce nouveau mode de vie, mais d'autres ont du mal à fonctionner dans un environnement où les règles changent constamment et ne savent pas vraiment par quel bout le prendre. Toutefois, même si vous avez quelques difficultés, la spontanéité va faire partie intégrante de votre nouvelle identité.

CONCILIER ENFANT ET VIE PROFESSIONNELLE

Trouver un équilibre entre son enfant et sa vie professionnelle est, dans le meilleur des cas, compliqué. En général, la balance commence par pencher en faveur de l'enfant, mais très souvent, une naissance annonce le début d'une longue et délicate série de compromis pour les parents et l'enfant. Les décisions qui sont imposées à chaque mère et les solutions qu'elle choisit vont non seulement déterminer la manière dont elle occupe son temps, mais ajouter une nouvelle dimension à son identité de mère.

TROUVER UNE NOUVELLE PLACE DANS LA SOCIÉTÉ

Ça ne vous frappera peut-être que lorsque vous sortirez votre bébé pour la première fois, mais la société assigne un rôle à la maternité, rôle dont le profil est défini par la culture. Libre à vous de le rejeter ou bien de l'accepter avec plaisir, mais vous ne pourrez pas complètement y échapper. Vous n'êtes plus cette personne libre qui n'est responsable que d'elle-même. Vos nouvelles fonctions maternelles sont irrévocables. Peu importe ce que vous ressentiez ou ce que vous pensiez, vous êtes devenue mère aux yeux du monde. Une femme se souvient :

> J'ai emmené mon bébé dans une ville où je m'étais mille fois promenée lorsque j'étais célibataire, puis mariée. J'avais toujours eu conscience de mon pouvoir de séduction féminine. Soudain, avec un bébé dans les bras, je n'étais plus la même femme. Je voyais dans le regard des gens qu'ils savaient que j'étais mère et ils me percevaient comme faisant un avec mon bébé. Quel choc !

TROUVER UN NOUVEAU RÔLE DANS LA FAMILLE

Le regard de la société a de l'importance, mais celui que votre famille porte sur vous et votre bébé peut être encore plus puissant. À la naissance de l'enfant, vous acquerrez un rôle nouveau dans votre famille d'origine et un rôle pivot dans la succession des générations. Vous deviendrez soudain une participante active dans le vaste déroulement de l'Histoire du monde. Les familles le savent, mais n'en parlent pas, d'où le choc de certaines mères qui découvrent leurs nouvelles responsabilités. Comment expliquer ce sentiment à quelqu'un qui n'en a pas fait l'expérience ? Une fois de plus, votre identité se transforme dans le regard d'autrui et, pour finir, dans le vôtre.

OUVRIR UN NOUVEAU CALENDRIER

Le jour de la naissance de votre enfant va devenir l'événement fondateur d'un nouveau calendrier personnel et marquer le commencement d'une nouvelle époque. Dans les années qui suivent, lorsque quelqu'un vous demandera à quand remonte votre dernier voyage en Italie, vous direz : « Voyons voir, le bébé commençait tout juste à marcher. Je le revois debout dans l'allée de l'avion. Il avait un an, ce qui nous ramène donc à 1996. » Vous commencerez à enregistrer le temps sur deux calendriers différents : celui que tout le monde utilise et votre calendrier personnel qui suit l'âge de votre enfant et les étapes importantes de son développement.

UNE RESPONSABILITÉ ULTIME

Vous avez sans doute entendu des mères dire qu'elles étaient sur le pont vingt-quatre heures sur vingt-quatre, sans vraiment chercher à savoir ce que cela voulait dire. En dernier recours, ce sont les mères qui sont responsables. Vingt-quatre heures sur vingt-quatre, jour après jour, c'est vous qui prendrez les ultimes décisions concernant votre bébé. Et même si vous déléguez le travail à quelqu'un d'autre, vous n'aurez pas de vraies vacances.

On appelle ce type de responsabilité « responsabilité parentale ultime ». Vous avez la responsabilité de l'enfant, si bien que ses réussites ou ses échecs vous seront automatiquement attribués, qu'ils soient de votre fait ou non. Même si vous partagez le travail avec votre conjoint, ce que vous ferez sûrement, la société vous a désignée comme seule et ultime responsable.

Pratiquement, cela signifie que vous devrez prendre des décisions en une fraction de seconde même si vous ne savez pas vraiment quoi faire et que vous n'avez jamais été confrontée à ce genre de problème. C'est un peu comme être P-DG, policier ou médecin de garde. Tous les yeux se tournent vers le responsable et on s'attend à ce qu'il sache quoi faire. Lorsque votre bébé se mettra à hurler au milieu de la nuit, qu'il sera couvert de boutons ou qu'il recrachera son déjeuner, les regards se tourneront vers vous.

En plus de toutes les décisions que vous êtes censée prendre sur ce terrain peu familier, on attend de vous que vous aimiez d'office votre bébé, que vous l'aidiez à grandir et que vous sachiez lui apprendre à se conduire en être humain. On suppose que vous devez être suffisamment qualifiée, même si vous n'avez jamais suivi de formation particulière. Une mère raconte comment s'est effectuée cette prise de conscience :

> En rentrant de l'hôpital avec ma fille, j'étais assise à l'arrière. Je la regardais intensément quand elle s'est mise à pousser de petits cris aigus. Il n'y avait personne vers qui se tourner pour demander de l'aide, ni infirmières, ni amis, ni autres mères. J'ai eu un choc quand j'ai compris que j'étais seule. C'était mon bébé et j'étais censée savoir ce qu'il fallait faire. Je me suis efforcée de la calmer, même si, simultanément, j'étais envahie par une petite vague de terreur.

Tous ces éléments font partie de la psyché maternelle. Mais au-delà des changements qui vont bouleverser votre paysage intérieur, vous allez aussi devoir vous adapter aux exigences de la société et de l'époque, ce qui va influer sur le développement de votre identité de nouvelle mère.

LA MATERNITÉ ET LA SOCIÉTÉ

On aurait pu croire que le mouvement féministe serait l'un des premiers à explorer le monde intérieur de la mère. Il a effectivement été le premier à reconnaître que le combat pour l'égalité des sexes aurait lieu sur des questions aussi primordiales que le droit à la reproduction et le droit au travail. Mais pour des raisons stratégiques, il est intervenu là où le besoin d'égalité se faisait le plus cruellement sentir — dans le domaine du travail, du sport et de la politique —, laissant de côté le domaine plus problématique de l'éducation des enfants.

J'ai toujours été surpris par ce silence, mais plus encore de voir que cette expérience est rarement décrite par les mères elles-mêmes, alors qu'elles sont en train de la vivre. J'ai l'impression que les mères savent instinctivement qu'elles sont submergées chaque jour par de nouvelles émotions dévorantes — un amour farouche, une douloureuse volonté de protéger, un besoin de soigner et d'élever ce nouvel enfant — mais qu'elles savent rarement se l'expliquer à elles-mêmes et encore moins aux autres.

Les professionnels de la santé et la société dans son ensemble n'ont pas su non plus aborder cette expérience psychologique intime. La société parle facilement des nausées du début de grossesse, des montées de lait douloureuses ou de l'épuisement post-natal. Nous discutons publiquement des avantages de l'allaitement ou du biberon ; nous débattons de l'opportunité, pour une mère, de retourner travailler à tel ou tel moment. Nous nous battons parfois sur la scène politique pour obtenir des soins médicaux et des congés parentaux meilleurs, mais nous sommes étrangement muets sur les transformations souvent radicales qui surviennent dans la vie intérieure d'une mère.

Et pourtant, n'est-ce pas dans ce royaume intérieur que les mères vivent vraiment, confrontées à d'étranges vagues d'angoisse, de désir et d'incertitude qui accompagnent la vie au jour le jour avec un nouveau-né ? Je me suis rendu compte qu'en général, les mères ignorent à quel point leur expérience est partagée par d'autres et que du même coup, elles ne savent pas comment en parler. Les jeunes mères se demandent souvent si leurs congénères éprouvent les mêmes bouleversements qu'elles et lorsqu'elles finissent par trouver une autre mère, elles passent le plus clair de leur temps à comparer et à essayer de formuler ce qu'elles ressentent.

Ce livre a pour principal objectif de vous aider à vous préparer aux bouleversements que vous rencontrerez. Le fait de savoir quelles tâches et quelles responsabilités vous attendent vous aidera à vous sentir moins perdue lorsque vous les vivrez. L'expérience intérieure de la maternité semble être universelle. Mes propres travaux de recherche m'ont amené à reconnaître des similitudes d'expérience, et ce quels que soient la culture, l'âge ou le milieu social.

À ce stade, vous vous demandez peut-être comment un homme peut parler de l'univers intérieur d'une mère. Ma condition d'homme m'empêche tout naturellement d'éprouver les changements qui surviennent dans la vie d'une femme qui se prépare à mettre au monde un enfant. Cela n'a néanmoins pas empêché le médecin que je suis d'observer et d'évaluer les expériences que j'ai pu voir en quarante ans de carrière.

Pour mieux décrire ces expériences, j'ai travaillé avec deux femmes, deux mères qui travaillent : Nadia Bruschweiler-Stern, mon épouse, qui est pédiatre et pédopsychiatre, et Alison Freeland, qui est journaliste et passionnée par les questions d'éducation.

Mon épouse et moi-même avons non seulement vu des femmes qui étaient enceintes et qui découvraient l'univers de la maternité, mais avons aussi travaillé avec des mères qui avaient des relations difficiles avec leur enfant. Nadia travaille dans une clinique pédiatrique où elle voit aussi bien des bébés en bonne santé que des enfants très malades ou handicapés. J'ai interrogé et observé des centaines de mères qui ont accepté de se soumettre à différentes études portant sur la vision, l'ouïe, la mémoire et la réponse émotionnelle à certaines situations chez les tout-petits, et à d'autres études, plus spécifiques, sur l'interaction mère-enfant dans des activités quotidiennes comme l'allaitement et le jeu.

QUAND UNE FEMME DEVIENT-ELLE MÈRE ?

Lorsque j'ai découvert que la psyché maternelle était universelle, j'ai commencé à demander aux femmes à partir de quel moment elles avaient commencé à se sentir vraiment mères. Je pensais qu'elles me répondraient : « Au moment de l'accouchement, bien sûr. »

En fait, leurs réponses m'ont appris que la plupart des femmes deviennent mères en plusieurs étapes, sur une période qui peut durer un certain nombre de mois. L'identité maternelle peut commencer à se former à un moment donné de la grossesse, se mettre en place plus complètement après la naissance de l'enfant et se réaliser pleinement après quelques mois passés à prendre soin du bébé à la maison, lorsque la femme réalise qu'elle se perçoit elle-même comme mère.

Chaque étape a son importance, car à chacune d'elle, l'identité maternelle s'enrichit.

La naissance de la psyché maternelle se fait donc par paliers. Il faut d'abord que vous vous prépariez mentalement à changer, que vous fassiez ensuite un travail émotionnel qui fera apparaître de nouveaux aspects de vous-même et qu'enfin, vous travailliez à l'intégration de ces changements dans le reste de votre vie. Tout cela survient en même temps que vous vous occupez d'un bébé qui chamboule toutes vos habitudes, vous réveille la nuit et réclame toute votre attention. Et pourtant, lorsque vous regarderez en arrière, la maternité vous apparaîtra comme l'une de vos plus belles conquêtes.

DEVENIR MÈRE — UN PROCESSUS EN TROIS ÉTAPES

Ce livre comprend trois parties, chacune correspondant à une phase du développement de l'identité maternelle.

La première partie, « Se préparer à devenir mère », débute avec les neuf mois de la grossesse, mois durant lesquels une femme accomplit l'essentiel du travail psychologique nécessaire pour se préparer à la maternité. À mesure que son corps fabrique le fœtus, son esprit se prépare à accueillir sa nouvelle identité de mère.

Vous croyez peut-être, comme je l'ai fait, que c'est l'accouchement qui fera de vous une mère. Il semble au contraire que l'expérience de l'accouchement fasse encore partie de la phase de préparation et donne naissance à la mère physique, mais pas forcément à la mère psychologique. Dans le chapitre 1, je parle de la grossesse comme d'un terrain de préparation et d'essai. Pendant ces neuf mois, l'imagination de la femme est tout entière occupée à nourrir des espoirs, des rêves, des peurs et des fantasmes autour de l'identité de son bébé, de sa future identité de mère et de l'identité du futur père. Dans la mesure où elle avance en terrain inconnu, elle peut librement jouer avec toutes sortes d'idées concernant sa vie quand son bébé sera là. Ce travail de préparation est essentiel à l'émergence de l'identité maternelle.

Le chapitre 2 est consacré au rôle que va jouer la naissance du bébé dans la progression de la mère vers l'éclosion de son identité psychologique de mère. Le chapitre 3 s'attache à décrire les fantasmes qui, après la naissance, vont se déposer sur le vrai bébé et vont souvent jouer un rôle prémonitoire. Ces trois premiers chapitres décrivent la phase de préparation à la maternité.

La deuxième partie, « La naissance d'une mère », s'intéresse essentiellement aux mois qui suivent la naissance du bébé. Ce n'est que lorsque la mère est rentrée chez elle et qu'elle commence à s'occuper de son nouveau bébé que la psyché maternelle va pleinement se former. Le chapitre 4 parle de la tâche première de la maternité qui est d'assurer la survie de son bébé ; il parle également des peurs et des questions que fait naître cette responsabilité fondamentale.

Le chapitre 5 aborde la deuxième tâche à laquelle vous serez confrontée : celle de construire un lien intime avec votre bébé. Cela met en jeu non seulement toute l'histoire de vos relations personnelles, mais également votre manière de ressentir l'intimité. Vous serez sans doute traversée par toutes sortes de questions fondamentales : vais-je aimer ce bébé ? M'aimera-t-il ? Serai-je à même de dire si notre relation est bonne ? Serai-je capable de comprendre les signaux de mon bébé et de répondre à ses besoins ? Comment est-ce que j'aime ce petit être ?

Le chapitre 6 aborde un troisième point essentiel de la maternité : votre besoin d'être reconnue et encouragée par d'autres mères. Cela vous amènera peut-être à réfléchir à votre relation avec votre propre mère et à décider de ce que vous voulez répéter ou écarter dans la construction de votre relation avec votre enfant. Vous vous demanderez sans doute : « Vais-je être comme ma mère et qu'est-ce que cela veut dire ? »

Le chapitre 7 est le récit d'une mère qui raconte ses difficultés face aux tâches spécifiques de la maternité et l'émergence de sa nouvelle identité. L'exemple de Gaëlle et de son fils Nicolas montre comment votre histoire personnelle peut influencer votre manière de répondre aux exigences de la maternité.

Le chapitre 8 s'inscrit dans le prolongement d'un livre intitulé *Journal d'un bébé*. Dans ce livre, je me suis fondé sur des années d'études cliniques pour parler de ce que les tout-petits savent et à partir de quel moment ; j'ai essayé de décrire comment un bébé perçoit le monde : comment il perçoit l'amour de sa mère, la tétée, la lumière, le mouvement, le jeu, etc. Dans ce chapitre, je montre le déroulement d'un événement seconde par seconde du point de vue du bébé et je raconte ce que la mère a ressenti pendant ce temps, afin de bien montrer l'interaction entre les deux.

Une fois que vous vous serez occupée de votre bébé pendant quelques mois et que vous émergerez de cette première expérience, vous aurez effectivement donné naissance à votre nouvelle identité de mère. Pendant un temps, cependant, alors que vous serez concentrée sur votre nouveau-né, cette identité sera plus ou moins protégée du monde extérieur. La troisième partie, « Une mère s'adapte », décrit comment vous allez intégrer cette nouvelle identité dans le reste de votre vie.

Le chapitre 9 décrit les problèmes auxquelles sont confrontées les mères d'enfants prématurés ou handicapés. Ces femmes ont des problèmes spécifiques à résoudre : pour constituer leur identité maternelle d'une part, mais aussi pour l'intégrer au reste de leur vie. Elles rencontrent souvent les mêmes difficultés que les autres mères, mais plus extrêmes dans leur intensité ou leur durée. Le chapitre 10 aborde l'inévitable question du meilleur moment pour une éventuelle reprise professionnelle après la naissance de l'enfant. Comment concilier l'identité d'une mère et celle d'une femme qui travaille ? Enfin, au chapitre 11, les pères occupent le devant de la scène. Le monde de la paternité existe tout autant que celui de la maternité. Il a même beaucoup évolué, suite au développement relativement récent des foyers égalitaires où les deux parents désirent partager équitablement les tâches et les responsabilités face au nouveau bébé. Ce chapitre aborde ce que les hommes peuvent faire pour s'adapter et passer du rôle d'époux au rôle de père.

LE CHEMINEMENT QUI A CONDUIT À CE LIVRE

Ce livre est le fruit de nombreuses années de recherche. Il s'inscrit dans le prolongement de plusieurs ouvrages destinés aux membres de ma profession. En 1977, paraissait un livre intitulé *Mère et Enfant : les premières relations*. Il décrivait ces comportements fugitifs, que j'ai appelés des notes de musique, qui composent la symphonie de la relation mère-enfant. Dans cet ouvrage, j'ai tenté de décrire la chorégraphie complexe dansée par la mère et son bébé au moment du jeu, du coucher et de la tétée.

J'ai commencé à réunir le matériel de ce livre au moment où les caméras vidéo commençaient tout juste à devenir des outils de travail accessibles. J'ai pu me repasser la vidéo d'une mère et son enfant un nombre incalculable de fois, au ralenti, en accéléré et image par image. C'est comme si on m'avait donné un microscope qui me permette soudain d'observer le déroulement des interactions les plus infimes entre une mère et son enfant.

Ce livre a permis à la profession de mieux cerner ce que savent les bébés et de découvrir l'étendue de leurs compétences sociales dès les premiers mois de leur vie. Les comportements instinctifs des mères, la plupart accomplis sans y penser, n'étaient pas moins impressionnants. Ce livre s'adressait à tous ceux qui étudient les bébés, ainsi qu'aux mères, mais il était avant tout destiné à mes collègues.

Plus averti des capacités d'interaction du nouveau-né avec sa mère et de ce qu'une mère peut instinctivement faire pour maintenir cette interaction, j'ai essayé d'imaginer comment un bébé perçoit le monde qu'il partage avec ses parents. Je me suis rendu compte que ces nouvelles connaissances nous obligeaient à modifier certaines de nos théories et de nos pratiques cliniques. Cela m'a conduit à écrire un deuxième livre, *Le Monde interpersonnel du nourrisson*, paru en 1985 et également destiné à un public de spécialistes.

L'étape suivante m'a amené à me pencher sur le monde intérieur du tout-petit. Les bébés ne sont évidemment pas en mesure de vous dire ce qui leur passe par la tête, mais j'ai quand même cherché à décrire le monde dans lequel ils vivent en m'appuyant sur la masse d'informations dont on dispose sur eux. Au cours de ces dernières décennies, l'étude et la compréhension des premières années de la vie ont fait un bond spectaculaire. On en sait plus sur ce que les bébés voient, ce qu'ils entendent, ce qu'ils sentent et même ce qu'ils pensent ; on sait également ce qu'ils sont capables de faire et d'apprendre. On en sait apparemment davantage sur la première année de la vie d'un enfant que sur n'importe quelle année ultérieure.

En m'appuyant abondamment sur cette masse de connaissances, j'ai créé un bébé imaginaire, Joey, et j'ai imaginé comment il percevait et ressentait les événements ordinaires de sa vie. En prenant d'énormes libertés par rapport aux informations scientifiques dont je disposais, j'ai écrit *Journal d'un bébé*, un livre avant tout destiné aux parents afin qu'ils aient un aperçu du monde dans lequel vit leur bébé.

De par mon expérience clinique, je me suis ensuite naturellement intéressé davantage aux mères et à leur histoire. J'ai été frappé de voir à quel point les espoirs, les peurs et les fantasmes secrets d'une mère peuvent affecter sa relation à son nouveau bébé. J'ai compris combien l'expérience d'une mère au sein de sa propre famille pouvait jouer un rôle déterminant sur sa relation avec son enfant. Ces observations m'ont amené à écrire *La Constellation maternelle*, un livre à nouveau destiné à mes collègues cliniciens.

C'est mon travail dans ce dernier livre qui m'a conduit à explorer davantage l'univers intérieur de la mère. C'était une tâche plus facile que d'explorer l'univers intérieur du bébé puisque je pouvais écouter une mère parler de ses expériences intérieures alors que je ne pouvais que deviner celles du bébé à partir des observations dont je disposais.

Plus mes collègues et moi écoutions les mères parler, plus nous étions persuadés que le monde intérieur de la mère guide ses interactions avec son bébé, qu'il s'agisse des tétées, des jeux et plus généralement des soins. Nous commençons tout juste à comprendre que la relation mère-enfant ainsi que le développement futur de ce dernier sont en grande partie déterminés par ce qui se passe dans la tête de la mère et par sa propre histoire.

Ce livre constitue l'aboutissement de ce voyage. J'ai commencé par explorer les interactions mère-enfant, avant de m'immerger totalement dans la vie du bébé, et maintenant, j'approfondis le monde intérieur de la mère. *La Naissance d'une mère*, avec sa description du monde intérieur de la nouvelle mère, fait pendant au *Journal d'un bébé*, avec sa description de la vie intérieure du bébé. Ensemble, ils forment un tableau complet de deux mondes qui convergent sur les mêmes événements.

Ces dernières années, alors que ma femme et moi approfondissions le champ de nos études et que je faisais des conférences dans le monde entier sur le sujet, j'ai maintes fois entendu la même remarque : « Docteur Stern, me disait-on, ce que vous dites sur la psyché maternelle me paraît évident quand je l'entends. Mais j'ai l'impression que ma grand-mère aurait pu me dire la même chose. » Certes, elle aurait pu, mais elle ne l'a pas fait. Pas plus que votre obstétricien, votre grande sœur ou votre mère. La psyché maternelle est peut-être une évidence, mais dans notre société, c'est un sujet qu'on aborde rarement.

J'entends également souvent des mères me dire : « Vous avez décrit exactement ce que je ressens, mais je ne savais pas ce que c'était avant de l'entendre. Je n'aurais jamais été capable de le formuler. » Un autre écho me vient de femmes qui travaillent dans des services psychiatriques et qui, comme moi, ont été formées à croire que les mères ne constituaient pas une seule et même population. Elles sont confrontées à des informations contradictoires, celles-là même qui m'ont poussé à écrire ce livre. Souvent, je les entends dire : « En tant que femme et mère, je sais que ce que vous dites est vrai, mais cela va à l'encontre de tout ce que les cours m'ont appris. Que nous conseillez-vous ? De suivre nos instincts ou de nous cantonner à ce que nous avons appris ? À ce stade, je ne sais plus s'il faut vous remercier ou vous maudire. »

On ne peut qu'espérer que ce livre contribuera à modifier certaines pratiques thérapeutiques actuelles concernant la santé mentale des parents et des enfants.

Notre objectif principal consiste à présenter un tableau de la psyché maternelle, à faire la lumière sur cet univers intérieur et à le montrer au grand jour en le décrivant et en lui donnant un langage propre. Ce faisant, j'espère aider les mères à se sentir reconnues et à découvrir un vocabulaire qui décrive ce qu'elles savent déjà intuitivement. De plus, ce livre dissipera peut-être le sentiment d'isolement qu'elles éprouvent lorsqu'elles sont confrontées aux bouleversements qui surviennent dans leur paysage mental et qu'elles imaginent être les seules à vivre.

Ce livre a également pour but d'aider les mères à exercer leur métier de mère. C'est certainement un métier que l'on apprend par l'expérience et l'apprentissage, et non par un enseignement formel. Il se transmet en faisant des promenades dans le jardin public avec d'autres mères, en discutant avec des inconnues dans les queues de supermarché ou en se souvenant de ce que faisait sa mère ou sa grand-mère.

Ce livre, qui s'inspire des voix de tant de mères, est une sorte de guide d'apprentissage. Il parle de l'expérience de la maternité et des différentes transformations qui sont censées se produire quand vous aurez votre bébé. C'est aussi en un sens un livre de prévention. La vie ordinaire avec un bébé se compose d'interactions mille fois répétées : vous endormez (ou essayez d'endormir) votre bébé, vous jouez avec lui, vous régulez son niveau d'activité, vous fixez des limites et vous lui faites découvrir le monde. Sur les milliers de tâches répétées qui impliquent votre bébé, la plupart ne se passeront pas sans histoire ou comme vous l'aviez prévu. En fait, dans les premières années, la maternité se consacre essentiellement à essayer de faire en sorte que ces interactions se passent bien. Ce sont précisément ces activités qui peuvent engendrer des tensions entre l'enfant et le parent. En effet, elles vont faire resurgir les espoirs, les peurs et les fantasmes de la mère, ainsi que ses propres souvenirs d'enfance, et ceux-ci, en entrant en scène, vont influencer effectivement le développement du nouveau bébé. Une nouvelle mère qui est en contact avec sa vie intérieure et la manière dont celle-ci peut affecter le bébé saura mieux identifier un point de friction et trouver la solution qui convient.

En fin de compte, mieux comprendre la psyché maternelle et les phases de son développement démystifie un peu ce nouvel univers dans lequel vous entrez, vous donne une confiance accrue et vous permet de mieux jouir de la nouvelle identité psychologique à laquelle vous avez donné naissance.

I

Se préparer à devenir mère

CHAPITRE PREMIER

La grossesse : préparer sa nouvelle identité

On sait qu'à partir de deux ans et demi, les enfants ont une identité sexuelle bien établie. Cela signifie que déjà comme toute petite fille vous commencez à imaginer et à jouer avec l'idée d'être peut-être mère un jour. Ces vagues notions vont se préciser au cours de l'enfance et plus encore de l'adolescence. Elles vont prendre un sens radicalement nouveau quand vous allez tomber amoureuse et trouver un partenaire. Ce processus va s'accélérer lorsque vous apprendrez que vous êtes enceinte et que vous vous préparerez réellement à devenir mère.

Tandis que votre corps entreprend de former un fœtus, votre esprit entreprendra d'imaginer la mère que vous allez devenir. Parallèlement, vous commencerez à construire une image mentale de comment pourrait être votre bébé. En un sens, vous faites l'expérience de trois grossesses simultanées : le fœtus qui grandit dans votre utérus, l'identité maternelle qui se développe dans votre psyché et le bébé imaginaire qui prend forme dans votre esprit.

Dans cette phase, vous êtes habitée par des désirs, des craintes et des fantasmes qui tournent invariablement autour de quelques questions centrales, du moins dans nos cultures. Qui est ce bébé ? Comment vais-je être en tant que mère ? Ma perception de la vie et de moi-même va-t-elle changer ? Qu'adviendra-t-il de mon mariage ? De mon métier ? De mes relations avec ma famille et mes amis ? Et de façon plus récurrente, comment va se dérouler l'accouchement ? Et est-ce que mon bébé sera en bonne santé ? Ces préoccupations constituent la matière première à partir de laquelle vous allez préparer votre identité maternelle.

Les mères réfléchissent rarement à ces questions de manière systématique ; elles y pensent en pointillé pendant les nombreux mois que dure la grossesse. Pour certaines, c'est un processus progressif. Pour d'autres, il y a des périodes critiques de réévaluation et de redéfinition. Souvent, ces questions sont traitées à un niveau subliminal et se mêlent à vos rêveries, vos sentiments diffus, vos rêves ou vos cauchemars. Votre imagination travaille à plein régime pour essayer de donner forme à la vie que vous allez mener — vie qu'à ce stade, vous pouvez à peine comprendre.

Vous inventez des scénarios avec des personnages imaginaires : bébé imaginaire, soi maternel imaginaire, futur père imaginaire, grands-parents imaginaires. Chacun de ces acteurs est construit, déconstruit et reconstruit selon un nouveau point de vue à de nombreuses reprises. Pendant la grossesse, l'esprit ressemble à un laboratoire où l'avenir est assemblé et retravaillé comme une création en gestation.

Je ne saurais mieux expliquer ce processus imaginaire qu'en racontant l'histoire de puéricultrices travaillant avec des nouveau-nés. Le pédopsychiatre Stephen Bennett a écouté parler des infirmières alors qu'elles vaquaient à leurs occupations quotidiennes dans la maternité d'un hôpital. Il a passé tellement de temps auprès d'elles qu'au bout d'un moment, elles ont fini par se comporter comme s'il n'était pas là. Son étude montre que toute personne continuellement en contact avec un tout-petit (et c'est le cas d'une femme enceinte) projette inévitablement des traits de caractère sur lui. Les adultes puisent dans leur expérience et choisissent des caractéristiques qu'ils vont attribuer au bébé.

Dans l'étude de Bennett, chaque puéricultrice obéissait à ce schéma. Elle appelait par exemple une petite fille « la Princesse ». Il s'agissait toujours d'un bébé de petite taille, aux traits délicats et de nature facile. Un autre bébé était surnommé « le Tombeur ». C'était un petit garçon très éveillé au sourire contagieux dont le charme et la beauté feraient sans doute un jour craquer toutes les femmes. Dans cette même pouponnière, il y avait peut-être encore une Terreur, une Majesté et un Professeur.

Les puéricultrices attribuaient ces types de caractère très rapidement. Après tout, ces bébés ne restaient que quelques jours dans le service. L'attribution des rôles dépendait de l'infirmière et des caractéristiques physiques et psychologiques de chaque enfant. Bien sûr, chaque infirmière avait sa liste de surnoms, mais il y avait des noms qui revenaient toujours. Il y avait presque automatiquement une Princesse et un Tombeur, même si ces noms étaient attribués à d'autres bébés tous les deux ou trois jours au gré des départs.

De la même manière, en tant que future mère, vous ferez des suppositions sur votre bébé, avant et après sa naissance. Ces suppositions sont guidées par vos espoirs, vos peurs et votre propre passé ; elles révèlent vos priorités et vos valeurs. Les fantasmes que vous avez à propos de l'identité de votre bébé sont révélateurs de ce qui vous importe. Chaque mère construit mentalement le bébé de ses rêves et de ses cauchemars. Elle va même jusqu'à imaginer à quoi ressemblera son bébé quand il aura un an, quand il ira à l'école ou quand il sera adulte. Une femme crée souvent un patchwork de traits contradictoires et amusants. Une mère m'a ainsi avoué que ses rêveries l'avaient amenée à imaginer un fils qui soit un mélange d'Einstein et de Patrick Bruel. Et pourquoi pas ? Elle explorait les traits de caractère qui étaient importants pour elle et indiquait qu'elle aimerait un fils qui soit à la fois beau et intelligent.

Certaines mères prétendent qu'elles n'inventent pas de bébés imaginaires, mais même par le choix du prénom, elles trahissent leur désir d'un certain type d'enfant. Le choix du prénom peut indiquer la loyauté à sa famille ou à son milieu, ou au contraire le désir de s'en éloigner. Il indique également le genre de personnes que vous admirez et votre secret espoir que votre bébé leur ressemble.

Pendant longtemps, les psychologues et les psychiatres ont cru que ces bébés imaginaires étaient rares et qu'ils étaient le signe que la mère avait des problèmes. Mais l'expérience clinique a montré que cette élaboration imaginaire a lieu chez toutes les mères. C'est un moyen créatif de se préparer à des situations que vous n'allez pas tarder à rencontrer, et pas simplement des rêveries inutiles.

Nous nous inventons tous des mondes imaginaires dans notre vie de tous les jours. C'est un théâtre où nous pouvons élaborer des solutions aux situations dans lesquelles nous nous trouvons. Ces scénarios nous aident à vivre. Et à mesure que vous découvrirez votre rôle et vos responsabilités de mère, ces scénarios aideront également votre bébé. L'histoire de votre bébé imaginaire et votre entrée dans la maternité sont inextricablement liées.

Grâce à de nombreux entretiens avec des mères

et des futures mères, nous avons pu dégager un ensemble de traits communs entre ces scénarios. Le schéma qui revient le plus est le suivant : tant qu'une femme n'est pas sûre de la viabilité de sa grossesse (généralement au cours de la douzième semaine), elle ne s'autorise pas à penser au bébé en termes trop spécifiques. C'est en particulier vrai des femmes qui ont perdu leur bébé ou qui pensent faire une grossesse à risque. (Si vous avez fait une fausse couche, vous savez que la douleur vient en grande partie d'avoir perdu ce que vous avez imaginé et espéré.)

Je connais une mère de deux garçons qui a été profondément perturbée par une fausse couche parce qu'elle était sûre qu'elle allait avoir une fille. Elle a eu ensuite deux garçons, mais elle a regretté toute sa vie cette fille imaginaire, même si elle n'a jamais su, avec certitude, s'il s'agissait ou non d'une fille.

C'est en général après le troisième mois, lorsque votre médecin vous a annoncé la viabilité de votre grossesse, que le processus imaginaire prend véritablement son essor. À ce stade, la plupart des mères commencent à imaginer les caractéristiques physiques et psychologiques de leur bébé. Certaines femmes ont cependant besoin de plus de temps pour accepter le fait qu'elles sont enceintes. Même à la fin du premier trimestre, elles ne sont pas prêtes à rêver autour de leur bébé et elles vont même jusqu'à éviter de dire qu'elles sont enceintes.

Diane, dont vous entendrez souvent parler dans ce livre, a attendu le cinquième mois avant d'annoncer sa grossesse. Elle souhaitait se protéger contre ce que les autres entendaient qu'elle pense et qu'elle ressente à tel ou tel moment. Elle avait besoin de suivre un calendrier à elle et de respecter son propre rythme. Émilie, au contraire, a annoncé qu'elle était enceinte dès que son test de grossesse a été positif, c'est-à-dire pendant la deuxième semaine. Elle voulait que le monde entier soit au courant. Mais ses préoccupations étaient totalement différentes de celles de Diane. Elle tenait absolument à intégrer sa grossesse et son futur bébé à sa famille et elle a immédiatement commencé à imaginer en détail sa vie de future mère et son bébé à venir. La plupart des mères trouvent un équilibre entre l'excitation de la grossesse et la peur de perdre leur bébé et annoncent qu'elles sont enceintes au bout du troisième mois.

Au cours du quatrième mois, l'expérience réelle du fœtus va donner corps au bébé imaginaire, et ce grâce à l'échographie qui est une pratique courante de nos jours. Le fait de pouvoir voir le fœtus — la colonne vertébrale qui ressemble à un collier de perles, les battements du cœur, les mouvements —, tout cela est impressionnant. Aujourd'hui, de nombreux couples qui attendent un enfant vont même jusqu'à transporter les clichés de l'échographie dans leur portefeuille, tout comme ils auront plus tard des photos de leur bébé.

Même sans échographie, vous pouvez sentir le fœtus donner des coups de pied à partir du quatrième mois, ce qui vous donne une preuve irréfutable de son existence. Les mères se représentent souvent les mouvements du bébé dans l'utérus et les ajoutent au profil de leur bébé imaginaire. Une mère se dira peut-être : « Ce bébé donne des coups de pied. Il sera du genre à croquer la vie à pleines dents. » Ou encore : « Ce bébé donne toujours des coups de pied quand il entend de la musique. Ce sera un musicien. » Ou : « J'ai l'impression qu'il donne des coups de pied en fonction de mes humeurs, comme s'il était déjà en phase avec moi. » Ce bébé imaginaire est évidemment purement subjectif. Un coup de pied peut être interprété de mille manières.

C'est en général entre le quatrième et le septième mois que les futures mères laissent libre cours à leur imagination. Pendant ce temps, le portrait devient de plus en plus élaboré. Au septième ou huitième mois, le bébé imaginaire atteint sans doute son degré d'élaboration maximale.

Ensuite, au cours du huitième et du neuvième mois, survient un phénomène extrêmement intéressant. Au lieu que le portrait de ce bébé imaginaire soit davantage affiné, c'est presque l'inverse qui se produit. Des études récentes ont montré que pendant cette période, la mère commence à défaire ce portrait hautement élaboré. Elle laisse son image s'effacer et, en un sens, commence à déconstruire et à oublier ce bébé imaginaire.

On peut se demander pourquoi, même si à la réflexion, ce renversement paraît parfaitement logique. À la naissance, le bébé réel et le bébé imaginaire vont se rencontrer pour la première fois et la mère ne peut pas se permettre qu'il y ait une trop grande différence entre les deux. Elle doit se protéger et protéger le bébé d'un trop grand décalage entre ses attentes — concernant le sexe, la taille, le physique, la couleur ou le caractère de l'enfant — et le vrai bébé. Elle doit se débarrasser des obstacles de manière à ce qu'elle-même et le bébé puissent faire connaissance sans que le passé ne vienne trop s'interposer.

Ce bébé imaginaire ne disparaît cependant jamais entièrement. En général, il y a des ajustements de dernière minute juste avant la naissance. Pendant les deux premiers trimestres, pour créer ce bébé imaginaire, vous vous êtes sans doute inspirée de la personnalité de votre mari ou de votre père (et en particulier de leurs qualités) ou de celle de votre mère selon que vous pensez avoir un fils ou une fille. À mesure que le terme s'approche, vous commencez à négliger le caractère des uns et des autres pour vous poser comme le principal géniteur du bébé. Quand l'accouchement devient imminent, vous tendez de plus en plus à revendiquer ce bébé comme étant le vôtre.

Pendant le cinquième mois, Marie s'imaginait que son bébé aurait la force de caractère de sa mère et la sociabilité de son mari. Trois mois plus tard, elle avait décidé qu'elle voulait toujours que son bébé ait du caractère, mais elle souhaitait aussi qu'il soit plus souple et plus adaptable, comme elle. Même si elle espérait que son bébé serait à l'aise en société, elle souhaitait qu'il montrerait une certaine retenue, tout comme elle.

À mesure que l'accouchement approche, vous vous surprendrez à revendiquer plus de territoire. C'est sans doute une étape nécessaire qui vous permettra d'établir une relation privilégiée avec votre bébé quand il arrivera. En reléguant tout le monde à l'arrière-plan, vous pouvez occuper le centre de la scène avec votre bébé. Puisque vous allez être les protagonistes dans le premier acte de cette nouvelle pièce, vous et votre bébé avez besoin d'être au centre de l'attention. Cet instinct de possession qui vous pousse à voir le bébé à votre image est extrêmement fort chez les futures mères et, de fait, certaines femmes ont du mal à inclure leur mari dans ce cercle imaginaire exclusif.

Supposez maintenant qu'une femme accouche prématurément, à sept ou huit mois. Elle n'a pas eu le temps de déconstruire son bébé imaginaire. Elle et son bébé vont doublement en souffrir. Non seulement le bébé est moins développé que prévu, mais la mère le compare au bébé imaginaire et souvent idéalisé qui est encore présent dans son esprit. À ce stade, sa psyché maternelle est inachevée et fragile.

La mère d'un prématuré est également vulnérable

pour d'autres raisons. Elle a l'impression d'être une femme incomplète qui n'a pas été capable de finir sa grossesse, même si les circonstances étaient totalement indépendantes de sa volonté. De plus, elle est physiquement séparée de son bébé, qui souvent a été placé en soins intensifs. Elle ne sait pas comment s'attacher à lui puisqu'il n'est pas avec elle. Elle voit les autres s'en occuper, souvent un personnel hospitalier beaucoup plus compétent qu'elle. Elle se trouve dans un environnement étranger où elle ne se sent pas chez elle. Il se peut qu'elle souffre aussi du bouleversement hormonal post-partum. Enfin, ses attentes sont au plus fort alors que le bébé réel, non fini, est totalement désavantagé.

Il y a une raison supplémentaire à sa vulnérabilité. Pendant les derniers mois avant le terme, les femmes se font beaucoup de soucis à propos de l'accouchement et de la santé de l'enfant, ce qui peut aussi expliquer qu'elles arrêtent l'élaboration de leur bébé imaginaire. Il y a un large éventail de peurs dont la plupart sont éprouvées par presque toutes les futures mères. Il y a la peur que l'enfant soit mort-né ou qu'il meure à la naissance. Il y a la peur de ne pas être capable de supporter la douleur ou d'avoir les hanches si étroites que le bébé reste coincé et ne puisse pas sortir. Une mère peut avoir entendu parler de cordon ombilical enroulé autour du cou du bébé ou s'imaginer accoucher dans un endroit où personne ne peut l'aider. Il y a la peur que le bébé se présente par le siège, ou d'avoir un bébé difforme ou monstrueux. Pendant les derniers mois de la grossesse, de nombreuses mères racontent avoir fait des rêves terrifiants où elles accouchaient de chatons ou de bébés tournoyant en spirale. Ces peurs sont assez courantes et semblent faire partie de la grossesse.

Il est utile de se débattre à petite dose avec ces

peurs si elles ne sont pas trop intenses ou accaparantes. Même si ces scénarios ne préparent jamais complètement une mère au pire, elle sera moins démunie pour affronter les risques qui accompagnent la maternité.

La mère d'un prématuré, elle, n'a malheureusement pas le temps de terminer cette phase. Voici ce que l'une d'elles m'a raconté :

> La première fois que je l'ai vue, c'était tellement bizarre, je ne savais pas quoi éprouver. Une partie de moi voulait partir en courant. J'avais l'impression d'être extérieure à la scène et de regarder quelqu'un d'autre la vivre à ma place. Elle n'était pas censée être déjà là ou être si petite. Je la voyais à peine sous tous les tuyaux et les tubes. Elle était couchée dans sa couveuse, les yeux fermés, sa petite poitrine se soulevant et s'abaissant comme celle d'un oiseau. Elle était minuscule et presque bleue. Ses bras et ses jambes étaient à peine plus gros que les tubes qui lui traversaient le corps.
>
> Je voulais la prendre dans mes bras. J'avais rêvé de ce moment et de cette sensation. Mais elle avait l'air si fragile que j'avais peur de lui faire mal. J'étais terrifiée et même légèrement dégoûtée... C'est horrible à dire, mais c'est la vérité. Mon corps était déboussolé ; rien n'était prêt. On aurait dû être à la maison à attendre son arrivée huit semaines plus tard.
>
> J'avais prévu de consacrer le dernier mois à aménager sa chambre et à préparer ses habits, j'avais tout planifié dans ma tête. Mais je n'avais rien d'assez petit à lui mettre, même la superbe robe qui appartenait à ma grand-mère. Je crois que je m'attendais à avoir le même bébé que mon frère, un beau bébé tout rose et tout rond. Gina (c'est ainsi que j'avais décidé d'appeler ma fille) serait costaude et superbe. Dans cet endroit bizarre, je ne savais pas où me mettre ni quoi faire. Je ne savais pas non plus ce que les puéricultrices attendaient de moi. Elles étaient plus à l'aise avec elle que moi qui suis sa mère.

Rien n'était prêt. Sa chambre n'était pas prête ; elle n'était pas prête ; et moi non plus, je n'étais pas prête.

Cette mère se trouve prise entre son bébé réel et son bébé imaginaire. Son travail de préparation à la maternité a été arrêté net. Normalement, une femme dispose du huitième et du neuvième mois pour se préparer à rencontrer son vrai bébé.

L'ATTACHEMENT

Un des domaines les plus étudiés de la maternité concerne l'attachement qui se développe entre une mère et son bébé. La manière dont vous allez créer des liens avec votre enfant est une question vitale et dépend en grande partie de votre histoire et de votre expérience. Bien que chaque mère s'attache à son enfant de manière unique, la plupart d'entre elles se répartissent selon trois types. Et comme souvent avec la maternité, c'est un processus largement inconscient.

Le processus d'attachement commence pendant la grossesse avec les pensées et les rêves de la mère autour de son bébé. Examinons les trois types d'attachement les plus courants et écoutons le témoignage de trois femmes sur leur grossesse. La manière dont ces femmes imaginent leur bébé affectera leur mariage, leur mode de vie et leur identité.

Le premier type concerne des femmes qui ont tendance à se détacher de l'expérience de la maternité pour pouvoir la vivre. Tout d'abord, elles semblent beaucoup moins absorbées par leur grossesse qu'on aurait pu s'y attendre, bien que ce ne soit pas forcément le cas intérieurement. Quand elles pensent à leur famille d'origine, elles ont tendance à prendre leurs distances et à rejeter leur histoire, y compris les détails de leur relation avec leur mère. Elles font comme si leur enfance n'avait aucun rapport avec ce qui leur arrive à présent. Qu'elles se sentent ou non concernées par la maternité, elles refusent d'aborder le sujet de front et ne vous en parleront certainement pas.

Ces femmes présentent ce que les cliniciens appellent un *type d'attachement disqualifiant*. Elles sont capables de contempler le panorama de leurs relations familiales, mais en se plaçant à une distance suffisante. Diane en est l'exemple type. C'est elle qui a attendu le cinquième mois de grossesse pour annoncer aux autres qu'elle était enceinte et elle ne l'a sans doute pas cru elle-même avant cette date-là.

À l'inverse, le *type d'attachement emmêlé* concerne des femmes qui s'impliquent dans leur expérience maternelle au point de ne plus avoir aucun recul. C'est particulièrement vrai de leurs réflexions à propos de leur mère, dont elles restent très proches pendant et après la grossesse. Elles ont une relation fusionnelle avec leur mère et auront sans doute le même type de rapport avec leurs enfants. En général, ces femmes ont tendance à se jeter dans leurs relations primaires sans réfléchir. Émilie, qui a immédiatement annoncé à sa famille qu'elle était enceinte, entre dans cette catégorie.

Le troisième type de mère se situe à mi-chemin entre les deux. C'est une femme qui est prête à s'investir entièrement dans sa relation avec son bébé et qui voit sa mère, mais avec modération. Les expériences qu'elle a vécues enfant avec sa mère font resurgir un certain nombre de pensées et de sentiments, mais elle est également capable de prendre du recul et de réfléchir à son expérience de mère et de fille. Ces femmes présentent ce qu'on appelle un *type d'attachement autonome*. Marie en est un bon exemple.

Même si aucune femme n'illustre jamais parfaitement un type d'attachement donné, la plupart ont tendance à entrer dans l'une ou l'autre de ces catégories. Chacun de ces schémas est normal et représente une manière différente de s'adapter aux bouleversements psychologiques qui accompagnent la maternité.

Pour vous montrer la persistance du travail de planification, de préparation, d'essai et de répétition qui a lieu pendant la grossesse, j'ai choisi de prendre un cliché de ce que chacune de ces trois mères pensait au sixième mois de sa grossesse. Ces réflexions offrent un aperçu de ce que pensent et ressentent trois femmes différentes à propos des changements qui leur arrivent. Chacune s'est immergée dans l'expérience de la grossesse de façon très différente ; chacune a sa manière de réfléchir et de parler de son nouveau rôle de femme enceinte. Chacune fête également son anniversaire, ce qui leur fournit une raison toute naturelle de s'arrêter et de faire le point.

DIANE, OU LE POINT DE VUE DE LA DISTANCE

> En descendant le boulevard en voiture, il faut que je prenne une décision. Soit je m'arrête au supermarché, soit je rentre directement à la maison. C'est un conflit typique chez moi, plus douloureux que certaines des décisions que je dois prendre au travail. C'est mon anniversaire et Charles est en train de me préparer un dîner spécial. Comme il sait que je n'aime pas les surprises, il m'a déjà dit ce qu'il comptait cuisiner. J'espère qu'il ne va pas faire des fantaisies et décider d'inviter des amis. Je ne suis pas d'humeur à voir des gens en ce moment.
>
> Le supermarché est un vrai problème, car je suis sûre que nous prendrons du café avec le dessert et je suis sûre que Charles aura oublié d'acheter de la crème.

Depuis que je suis enceinte, j'ai pratiquement renoncé à tous les menus plaisirs de l'existence — le café, le vin, les sucreries et les chips. Ce soir, j'ai vraiment envie de boire du café, mais il ne sera pas aussi bon s'il n'y a pas de crème. D'un autre côté, si je vais acheter de la crème, Charles saura que j'ai pensé qu'il a oublié d'en acheter et il sera sans doute vexé. Je m'engage dans le parking malgré tout. J'ai vraiment envie de crème.

Nouveau moment de malaise en sortant de la voiture. À six mois de grossesse, je ne peux plus cacher mon ventre protubérant. J'ai toujours été fière de ma ligne et j'avais l'habitude de récolter quelques regards d'approbation quand je marchais dans la rue. C'est bien fini ! Je grossis de plus en plus et ça m'énerve de n'avoir aucun contrôle sur ma silhouette. C'est pour la bonne cause, me dis-je, si je suis devenue aussi volumineuse et difforme. Mais s'il y a une chose que je refuse, c'est de me dandiner.

Je me demande si je retrouverai un jour ma ligne. À trente-sept ans, cela donne à réfléchir. Ce n'est pas que nous avions décidé, Charles et moi, de ne pas avoir d'enfants pendant toutes ces années, c'est simplement que ça ne s'est pas fait. Mais ces derniers temps, j'avais l'impression d'être arrivée à un point de non-retour. C'était maintenant ou jamais.

Aujourd'hui, au bureau, mes collègues m'ont souhaité bon anniversaire, et la secrétaire, Louise, m'a offert un petit cadeau. Il y avait un paquet enveloppé dans du papier de soie sur mon bureau ; il contenait un petit bonnet blanc avec des rubans roses, vraiment adorable. Il doit être dans le sac sous le siège à l'heure qu'il est. Je crois que Louise est plus excitée que moi à propos du bébé.

En me dirigeant vers le rayon des laitages, je repense au coup de fil de ma mère aujourd'hui. Elle m'a dit qu'elle m'avait envoyé de l'argent pour mon anniversaire. Cela ne m'a pas étonnée. Je le trouverai au courrier d'aujourd'hui et il faudra que j'achète quelque chose pour le bébé. Comme elle ne savait pas quoi acheter, c'est à moi de réfléchir ! Je suppose qu'elle viendra après l'accouchement, mais à mon avis, ça ne m'aidera pas beaucoup. Quand j'imagine du soutien,

c'est à Louise que je pense. C'est drôle, je n'avais jamais fait très attention à elle jusque-là, mais elle m'apparaît tout à coup comme une personne qui comprend les bébés. Peut-être que je suis née sans ce gène, je ne suis pas sûre de savoir faire.
Charles, au contraire, va être un père formidable. Il est tellement décontracté. Il valait mieux pour pouvoir me supporter. Je sais que je ne suis pas commode. Même mon gynécologue m'a conseillé de me détendre. J'ai fait une amniocentèse et on m'a assuré que tout était normal. Mais je suis sûre qu'ils ne peuvent pas tout tester. Personne ne peut par exemple prévoir si ce sera ce qu'on appelle un bébé facile. Il aura intérêt à être facile, comme Charles.
Charles parle toujours de lui comme d'un mari qui n'a pas besoin de beaucoup d'entretien, ce qui est une bonne chose, vu mes talents pour la cuisine et le ménage. Le bébé non plus n'aura pas besoin de beaucoup d'entretien, s'il sait ce qui est bon pour lui. Ce n'est pas très maternel de dire ça.
Je sors du supermarché, crème à la main, et je me dirige vers la maison. J'ai trente-sept ans, je suis grosse et je veux mon café avec de la crème. Pauvre bébé ! Et s'il était comme moi ? Espérons que non. Et espérons qu'il aime dormir. Ce qui me préoccupe le plus en ce moment, c'est d'obtenir l'aide dont j'ai besoin. D'après Louise, les nouveaux parents sont sans cesse sur le pont. Je ne sais pas comment je vais faire. Je suis terriblement grincheuse quand je suis fatiguée. Et si ce gosse ne dort pas de la nuit ? On verra bien...

Diane ne peut pas penser très longtemps sans revenir au sujet de son futur bébé. Bien qu'elle soit préoccupée par sa grossesse, elle se tient le plus loin possible de l'événement et s'en détache au point d'y être insensible, ce qui vaut aussi pour ses relations avec sa mère. Diane paraît plus dure qu'elle ne l'est et en réalité, elle se pose les mêmes questions que Émilie ou Marie, sauf qu'elle se tient plus à distance.

ÉMILIE, LE POINT DE VUE DE LA PROXIMITÉ

Je savais que ma famille allait faire quelque chose pour mon anniversaire cette année, mais je ne m'attendais pas à ce qu'ils viennent tous à la maison. Pauvre David. Il se fait éjecter de la cuisine dès que Maman arrive. C'est son domaine, la cuisine.

En ce moment, j'adore rentrer du travail et enfiler un grand sweat-shirt tout doux. Mon ventre se voit vraiment maintenant et parfois, je m'allonge sur le canapé et je le laisse pointer en l'air. Maintenant que je suis au sixième mois, tout le monde sait que c'est un bébé et que je ne suis pas obèse. Enfin !

Au travail, je n'y pense pas trop, sauf quand mes sœurs ou ma mère m'appellent. Je reçois trop de coups de fil personnels en ce moment, mais bon... Ma sœur Barbara se croit obligée de tout me raconter parce qu'elle a déjà eu un bébé. Elle a déménagé, mais je suis contente que mes parents habitent tout près.

La famille de David, c'est autre chose. Ils sont tellement obnubilés par leurs principes. Je ne sais pas ce que je ferais si mes parents n'étaient pas là. On les voit très souvent et ils sont ravis de l'arrivée du bébé.

Tout le monde pensait qu'on attendrait avant d'avoir un enfant. Même moi, je pensais qu'on attendrait au moins trois ans, le temps que David ait eu le temps de lancer son affaire. Maintenant, on ne dépend plus autant de mon salaire. J'imagine que c'était un accident voulu. Ses affaires marchent bien et je ne veux pas trop attendre pour avoir des enfants. Vingt-cinq ans, ce n'est pas trop vieux. C'est mon dernier anniversaire sans enfant.

J'ai eu de drôles de cadeaux cette année. C'était plus des cadeaux de naissance que des cadeaux d'anniversaire. Barbara m'a évidemment envoyé un cadeau strictement pratique — un tire-lait. Je ne pense pas que je m'en servirai beaucoup. On dirait un instrument de torture. Papa et Maman m'ont offert des trucs formidables. Parfois, je me sens coupable de leur demander autant. Pour mon anniversaire, Maman va m'emmener acheter une poussette.

Je suis ravie d'avoir une fille. Barbara a eu un garçon, mais comme elle habite loin, on ne le voit pas souvent. Je crois que Maman voulait une petite-fille. Elle a l'habitude des filles et elle va pouvoir me donner un sacré coup de main. La question du prénom ne s'est pas posée. Quand j'ai appris que c'était une fille, j'ai su qu'elle s'appellerait Carine, comme ma grand-mère. J'espère qu'elle aura ses jambes et sa voix. Maman serait enchantée. Nous n'avons pas eu cette chance, ma sœur et moi.

Papa et David se sont réfugiés sous le porche pour parler affaires et nous laisser discuter bébés. Je n'en reviens pas que ça me passionne autant. Aujourd'hui, à l'heure du déjeuner, je suis allée acheter une petite paire de baskets. Rien n'est plus mignon que les habits de bébé. C'est fou, mais le placard du bébé est déjà presque plein. Je sais que Maman tricote des petites choses. Elle est tellement prête qu'elle a sans doute déjà cuisiné et congelé des plats pour quand j'irai à l'hôpital.

Le dîner se déroule selon le cirque habituel. Tout le monde prend une assiette et la remplit des lasagnes que Maman a faites. Comme c'est mon plat préféré, tout le monde en mange le jour de mon anniversaire. Un seul nuage vient assombrir la soirée. Je ne sais pas pourquoi, mais ma petite sœur se met à parler de notre cousine Anne. J'aurais préféré qu'elle se taise. Anne a eu un bébé l'an dernier. L'accouchement a été très dur et le bébé n'est toujours pas tiré d'affaire. On pense qu'il a peut-être une paralysie cérébrale. Je ne veux pas en entendre parler en ce moment. Ça me rend folle. Ma sœur aurait dû ne rien dire. Surtout que je suis enceinte.

Quand tout le monde est parti, David et moi avons enfin pu parler. Quand il a vu les petites baskets que j'avais achetées, il m'a prise pour une dingue. Parfois, j'ai l'impression qu'il pense que cette grossesse me monte à la tête. Il a peut-être raison, mais je ne peux pas m'en empêcher.

Émilie est tellement proche de sa famille, et en particulier de sa mère, qu'elle est quasiment incapable de se percevoir séparément d'eux. Diane, au contraire, tient sa mère à une distance respectable. Marie est quelque part entre les deux.

MARIE, LE POINT DE VUE DU MILIEU

Nous entrons dans la salle de mon restaurant préféré et dès que je vois les lumières du port dehors, je me détends. La proximité de l'eau a toujours un effet apaisant sur moi ; cela m'aide à oublier que j'en veux à Jacques.

Nous venons toujours dans ce restaurant pour des occasions spéciales et cette soirée a beaucoup d'importance pour moi. J'ai trente ans aujourd'hui. Dommage que Jacques ait oublié un dossier au bureau et nous ait mis en retard. Dommage aussi qu'il ait tellement tardé à inviter mes parents. Maintenant, ils sont pris et ne peuvent pas venir. Jacques est sans doute content qu'ils ne soient pas là mais, moi, j'aimerais bien les voir. Bon, ça suffit. J'ai envie de m'amuser.

En enlevant mon manteau, je réalise pourquoi cette soirée a autant d'importance. J'ai enfin l'air enceinte. Six mois, et mon chemisier tombe joliment sur mon ventre rond. Maintenant, tout le monde sait à quoi s'en tenir. Les hommes sont drôles. Quand une jolie femme entre dans une pièce, ils lèvent les yeux, admirent le spectacle et reviennent à leur partenaire. C'est presque un réflexe. Je ne l'ai jamais formulé ainsi parce que c'est le genre de choses qu'on a du mal à prouver. Quand j'enlève mon manteau ce soir, les regards sont différents. Certains hommes lèvent à peine les yeux. D'autres me regardent et me font un grand sourire. Ça n'a rien d'équivoque ou de sournois, c'est purement appréciatif. Je me dis que ce sont sans doute des pères. Ces derniers temps, j'ai des rapports différents avec les femmes. Les mères me regardent avec un air content et entendu. Je n'ai aucune idée de ce qui m'attend avec ce bébé, mais peu importe, c'est suffisamment fort pour me pousser à communiquer avec de parfaites inconnues.

« Une table pour deux ? demande le serveur. Et bientôt trois apparemment. » Les gens se permettent des commentaires sur ma grossesse maintenant que c'est évident. Je suis « tombée dans le domaine public ». Jacques m'abandonne quelques instants et je contemple les lumières sur l'eau. Le serveur a raison : bientôt, ce sera une table pour trois. Je crois que ça me manquera de ne plus être seule avec Jacques, mais je vais peut-être tellement aimer ce bébé que ça n'aura plus d'importance. Les mères n'aiment-elles pas automatiquement leur bébé ?

Je sais que je suis déjà attachée à ce bébé. Au travail, je frotte mon ventre contre la table à dessin et j'en éprouve une joie secrète. Je crois que je serai une mère convenable. Jacques sera un bon père. Je ferai en sorte qu'il se lève la nuit pour m'aider avec les tétées. Je n'ai pas l'intention de tout faire toute seule.

Dans la vitre, je vois Jacques qui revient. Je pensais qu'il organiserait quelque chose de spécial ce soir, mais apparemment pas. Il a même l'air un peu distant, ce qui ne lui ressemble pas. Quand il s'assied en face de moi, il me prend les mains, me regarde dans les yeux, et je lui pardonne sa distance. Il est doué pour l'intimité. Parfois, je me dis qu'il est plus sensible que moi. Je me demande si notre bébé sera sensible comme lui. Je l'espère. Mais j'espère qu'il ne sera pas trop sensible non plus. Je ne veux pas que la vie le blesse. Cela dit, il pourrait être comme mon frère et ne s'entendre avec personne. Non, je crois qu'il sera comme Jacques.

Si c'est une fille, ce serait bien qu'elle soit sensible. Je crois aussi qu'elle sera intelligente et qu'elle réussira ce qu'elle entreprend, comme c'est le cas dans ma famille. Et si elle avait le physique de Jacques et ma personnalité ? Elle pourrait devenir une belle architecte. Cela me fait penser au bureau et à la petite fête qu'ils ont organisée en mon honneur aujourd'hui. Quelle différence avec l'an passé ! J'avais dû apporter les croissants moi-même. Cette année, ils m'ont offert un gâteau et un mobile pour le lit du bébé. Quand ils m'ont chanté « Bon anniversaire », ils m'ont regardée comme si je ne reviendrais plus jamais. « Eh ! je ne suis pas morte, leur ai-je dit, j'attends un bébé, c'est tout. » Je suis la première à être enceinte au bureau et ils doivent penser que je ne serai plus la même. Ça m'étonnerait que je change au point de ne plus revenir travailler.

C'est une idée qui me tracasse quand même. Ma mère travaillait avant ma naissance et elle n'a jamais repris. Elle avait un poste dans un cabinet d'avocats et elle aurait certainement pu faire une belle carrière, mais elle a choisi de rester à la maison pour s'occuper de moi. Bien sûr, il y a la différence de génération, et puis, ils avaient suffisamment d'argent, et quand mon frère est arrivé neuf ans plus tard, ma mère a été obligée de rester à la maison. Je me demande si elle pensait retourner travailler et si elle s'est rendu compte qu'elle n'en avait pas envie.

Je vois ma mère différemment ces derniers temps. Elle avait mon âge quand elle m'a eue et je me demande si elle était aussi inquiète et excitée que moi. C'est difficile à imaginer. Elle a une telle assurance. Je ne l'imagine pas se dandiner avec un gros ventre. Elle a toujours été contente que je devienne architecte, mais elle est vraiment heureuse que je sois enceinte. Elle a même ressorti mon vieux berceau et m'a dit qu'elle savait où le faire réparer et où trouver des draps. Comme si c'était bien joli de travailler, mais qu'il fallait maintenant passer aux choses sérieuses et avoir des enfants.

Je pense tellement fort à ma mère que je m'étonne à peine de voir son reflet dans la vitre. Mais elle est prise ailleurs avec mon père. Je tourne la tête et je vois Jacques qui fait un petit sourire. Je réalise tout à coup que non seulement ma mère, mais mon père et mon frère se dirigent vers nous. « Surprise ! », disent-ils à

l'unisson pendant que le serveur ajoute une table à la nôtre.
Peu à peu, je comprends que Jacques n'a pas oublié de dossier au bureau et qu'il n'a pas non plus oublié d'appeler mes parents. Il a tout préparé. Pourquoi lui en ai-je autant voulu ? Lorsque le serveur apporte le chariot des desserts, il est suivi par une poussette avec un gros ruban autour. Ça, c'est l'idée de mes parents.
À mesure que la soirée s'écoule, je regarde les gens autour de moi. Papa raconte une histoire drôle à Jacques pendant que Maman approche la poussette et commence à l'examiner. Mon frère semble surtout s'intéresser aux deux filles qui mangent derrière nous. C'est ma famille, avec ses petites manies. Jacques et moi sommes sur le point de fonder la nôtre. Je me demande quelles manies nous aurons.

Si vous aviez pu lire les pensées de Marie un an plus tôt, elles auraient été tout autres. Elle se serait très certainement inquiétée de sa relation avec Jacques et des hauts et des bas de sa vie professionnelle. Maintenant, sa grossesse est devenue le sujet central autour duquel sa vie s'organise. Pour la première fois, elle se demande comment était sa mère à son âge et pourquoi elle n'a pas recommencé à travailler après avoir eu un enfant. Elle pense en même temps à sa mère, à son bébé et à elle ; elle analyse la personnalité de chacun en fonction des traits de caractère qu'ils vont donner à son bébé. Elle passe de ses sentiments à l'analyse de ses sentiments. Sans en avoir pleinement conscience, Marie perçoit tous les événements en fonction de ce que sera sa vie quand elle aura son bébé.

Ces rêveries d'anniversaire montrent que ces femmes se posent les mêmes questions, mais proposent des réponses totalement différentes. Elles ont chacune leur style, ce qui détermine en grande partie la manière dont ces questions sont perçues. Émilie vit la transformation de son corps avec enthousiasme alors que Diane aimerait pouvoir tout cacher. Marie se demande si elle sera comme sa mère alors que Diane y songe à peine. Émilie ne se demande pas quels traits de caractère son mari va transmettre à son bébé, alors que Marie isole certains aspects de la personnalité de son mari pour les essayer sur son bébé imaginaire.

Chacune a conscience que son corps a changé. Que vous le viviez bien ou mal, les transformations physiques de la grossesse vous aideront beaucoup à vous préparer psychologiquement à la maternité. Pendant neuf mois, vous vivez avec la perception constante que votre corps change. Vos seins grossissent ; vous prenez du poids ; votre ventre s'arrondit ; votre centre de gravité se modifie. Vous vous levez, vous marchez et vous vous asseyez autrement. Les mouvements du bébé et la transformation de votre corps vous rappellent sans cesse votre futur enfant. Pendant près de neuf mois, vous vivez une relation intime avec votre bébé et votre corps vous oblige à penser à lui.

L'identité est profondément liée à l'expérience et à l'image que nous avons de notre corps. Songez aux bouleversements qui surviennent au moment de l'adolescence lorsque le corps commence à se modifier. C'est la même chose chez une femme enceinte, sauf que son corps change beaucoup plus vite. Une femme enceinte n'a que sept mois (en général, les deux premiers ne comptent pas) pour assimiler ces changements alors qu'un adolescent a plusieurs années. Une transformation aussi rapide déstabilise l'image qu'une femme a de son corps et prépare le terrain à la réorganisation de son identité.

Si la réalité physique de la grossesse joue un rôle énorme dans la préparation à la maternité, elle n'est visiblement pas indispensable. Les femmes qui adoptent des enfants développent une psyché maternelle sans l'intervention de cette transformation physique. Mais il leur faudra peut-être plus de temps. Elles traversent une période durant laquelle leur imagination construit le bébé de leurs rêves, où elles s'imaginent elles-mêmes en tant que mères, et très souvent, elles ont plus de neuf mois pour le faire, le processus d'adoption pouvant durer plusieurs années.

Dans la plupart des cas, cette transformation physique vous libère non seulement de votre ancien soi pour que l'identité maternelle puisse s'installer, mais elle favorise le développement du bébé imaginaire. Les neuf mois de la grossesse sont indispensables pour se préparer à la maternité. Cette période favorise l'émergence des principaux thèmes qui vous serviront à construire votre identité de mère, mais le processus se passe à un niveau imaginaire, ce qui vous permet de corriger les différents scénarios à venir. Au moment où la grossesse approche de son terme, l'essentiel du travail de préparation psychique est déjà accompli.

tent des enfants développent une psyché maternelle sans l'intervention de cette transformation physique. Mais il leur faudra peut-être plus de temps. Elles traversent une période durant laquelle leur imagination construit le bébé de leurs rêves, où elles s'imaginent elles-mêmes en tant que mères, et très souvent, elles ont plus de neuf mois pour le faire, le processus d'adoption pouvant durer plusieurs années.

Dans la plupart des cas, cette transformation physique vous libère non seulement de votre ancien soi pour que l'identité maternelle puisse s'installer, mais elle favorise le développement du bébé imaginaire. Les neuf mois de la grossesse sont indispensables pour se préparer à la maternité. Cette période favorise l'émergence des principaux thèmes qui vous serviront à construire votre identité de mère, mais le processus se passe à un niveau imaginaire, ce qui vous permet de corriger les différents scénarios à venir. Au moment où la grossesse approche de son terme, l'essentiel du travail de préparation psychique est déjà accompli.

CHAPITRE 2

Donner naissance : une période de transition

Si vous demandez à quelqu'un à quel moment une femme devient mère, il vous répondra sans hésiter : « Lorsqu'elle accouche, bien sûr. » En fait, ce n'est pas si simple. Au moment de la naissance, la femme devient sans doute une mère physiquement, mais psychologiquement il lui faudra parcourir de nombreuses étapes qui ne peuvent se résumer au travail et à l'expulsion du bébé. Si vous demandez à une mère de repenser au jour ou à la nuit où elle a accouché de son premier enfant, elle va probablement vous répondre que même si l'expérience a été extrêmement forte, elle ne s'est pas sentie mère sur-le-champ. L'accouchement même est un moment de transition pendant lequel la femme est comme suspendue dans le temps, épuisée, euphorique et soulagée.

Le but de ce chapitre n'est pas de décrire en détail le déroulement de l'accouchement, mais de mettre en évidence quelques moments clés de cette expérience qui vont conduire une femme à devenir mère. Au moment de l'accouchement, la jeune mère n'est pas encore attachée à son bébé. Elle est certes attirée par ce petit être profondément familier, mais qui lui est encore étranger. Elle ne réalise pas encore ce que ça représente de s'occuper de lui. Elle ne se sentira mère que lorsqu'elle en aura pris conscience.

Après avoir interrogé des femmes sur leur expérience de mère pendant des années, j'ai le sentiment que la naissance d'un enfant (surtout du premier) représente un événement central dans la vie d'une femme, événement à la fois miraculeux et traumatisant, chargé d'émotions et de conséquences inoubliables. Pour la plupart des femmes, c'est un événement si primordial et si profond qu'il est difficile de l'assimiler complètement et d'en parler. C'est une histoire qu'on ne raconte jamais complètement, même pas à sa propre mère, et qui reste donc en partie méconnue ; c'est pourquoi elle devient une pierre angulaire partiellement explorée et inamovible dans la construction d'une vie. Que l'accouchement se soit bien ou mal passé, ou moyennement, le souvenir en reste très vif.

Le récit de la naissance du bébé va devenir une partie importante de l'identité maternelle. Ma femme et moi avons interrogé ensemble de nombreuses femmes sur ce qu'elles ont ressenti lors de leur premier accouchement. Presque toutes racontent l'événement avec une telle clarté que l'on retrouve la fraîcheur de l'expérience vécue. Que la naissance remonte à quatre jours, quatre ans ou quarante ans, cela n'a aucune importance, les souvenirs ont toujours la même intensité. Et chose curieuse, le récit de l'accouchement évolue au fil des années à force d'être raconté. C'est un mélange de faits réels, de productions imaginaires, de mythes, mais quelle que soit sa teneur, il reste un repère sur la route qui mène à la maternité.

Quand vous repensez à la naissance de votre premier enfant, il y a certaines choses qui vous gênent et dont vous aimeriez qu'elles se soient passées autrement. Dans certains cas, les événements mineurs ou majeurs qui ont eu lieu à ce moment-là ont pu influencer l'orientation première du lien mère-enfant. Cela a peut-être aussi modifié votre sentiment vis-à-vis des médecins, des infirmières et des hôpitaux.

Ce moment très fort est une des étapes ultimes de la préparation à la maternité. Évidemment, chaque femme vit son accouchement différemment, mais pour toutes, cela reste un événement majeur dans l'élaboration de l'identité maternelle. Une femme peut tout à fait se sentir mère même si elle n'a pas pu vivre ou participer à son accouchement, soit parce qu'elle a adopté un enfant ou parce qu'elle a subi une anesthésie générale, mais pour la plupart, il existe des moments universels et déterminants au cours de l'accouchement qui les propulsent dans la maternité. C'est comme une clé qu'on tournerait dans une serrure jusqu'à ce que la porte de la maternité s'ouvre enfin.

JUSQU'AU BOUT DE SES FORCES

Pendant le travail, et surtout vers la fin, la femme sait instinctivement qu'elle accomplit un des actes les plus vitaux qui soient, que des vies sont en jeu, la sienne et celle de son bébé. L'événement qui se produit à ce moment précis a lieu à cause de vous et malgré vous. Il porte en lui toute la force de la nature, comme un cyclone ou une marée montante. Vous devez entrer dans le mouvement pour ne pas être balayée et vous devez être à la hauteur. Vous n'avez pas le choix. Vous allez au-delà des limites de la concentration, de l'endurance et de la douleur. Bien sûr, l'aide de votre mari et de la sage-femme est précieuse, mais vous êtes quand même fondamentalement seule.

La nature extrême de cette expérience fait de l'accouchement une transition psychique, une épreuve et un rituel qui marquent un changement profond dans la vie. Et malgré l'importance de l'acte, la plupart des mères sont trop vidées, épuisées, euphoriques, soulagées et même désorientées pour pouvoir comprendre ce que cette transition implique. Mais les événements qui suivent vont, l'un après l'autre, réorganiser et modifier le monde de la jeune mère.

LE PREMIER CRI

Pour de nombreuses femmes, le premier cri du bébé est comme une alarme qui se déclenche et qui éveille en elles quelque chose de nouveau. Une mère explique :

> J'avais l'habitude de sentir le bébé donner des coups de pied et bouger dans mon ventre, mais nous communiquions en silence. Je passais souvent ma main sur mon ventre et je lui parlais en pensée, mais je n'avais jamais vraiment réalisé qu'il puisse avoir une voix. Lorsqu'il est sorti et que la sage-femme l'a tenu en l'air avant de le mettre sur moi, il a poussé un petit cri. Je n'en revenais pas de l'entendre. Il devenait complètement réel. Il ne faisait plus partie de moi, il avait sa propre voix. C'était un être à part entière.

C'est le premier cri du bébé qui a fait prendre conscience à cette mère qu'elle et son bébé étaient désormais deux personnes distinctes.

LE BÉBÉ SUR LE VENTRE

Selon une tradition très ancienne, la personne qui fait l'accouchement réceptionne le bébé, vérifie que tout va bien, puis le pose sur le ventre de sa mère pour qu'elle fasse connaissance. Tout comme le premier cri, le fait de sentir le bébé sur son ventre est un moment extrêmement fort qui cristallise une part de l'attachement maternel pour la vie.

> Une fois le bébé sorti, j'étais soulagée de ne plus avoir mal, et j'ai pu me détendre. Quand ils l'ont mis sur mon ventre, tout chaud et plein de vie, je me suis sentie vraiment comblée. J'avais l'impression que son poids et sa forme remplissaient un vide dans mon corps dont je n'avais pas encore soupçonné l'existence. J'ai ressenti un immense bien-être. C'était fini. Il était là, sur moi. La boucle était bouclée.

En portant le bébé sur votre ventre, vous avez déjà franchi une autre étape. Le bébé est passé de l'intérieur à l'extérieur, même si la plupart des mères ne le vivent pas exactement de cette façon. À ce moment précis, la mère sait seulement qu'elle a accompli son travail, que le bébé est vivant et qu'ils sont à nouveau réunis. Le lien est différent de ce qu'il était pendant la grossesse, mais il est tout aussi intime.

Certaines mères sont privées de cette expérience parce que le bébé a dû être emmené en salle de soins et placé sous surveillance dans une couveuse. Ce n'est que plus tard, parfois plusieurs jours après, lorsqu'elles peuvent enfin tenir leur bébé, qu'elles se rendent compte du vide qu'elles ont ressenti et du besoin qu'elles avaient de tenir leur bébé dans leurs bras.

LE PREMIER REGARD

Pour certaines mères, le premier regard du nouveau-né, même furtif, est un autre moment primordial. C'est à ce moment-là qu'elles se rendent compte, non sans surprise, que leur bébé est une personne.

La plupart des nouveau-nés ne voient pas très bien et ont tendance à cligner des yeux, ce qui n'est pas très engageant pour leur mère. Par contre, ils ont d'autres facultés très impressionnantes. Lorsque leur mère parle, ils tournent parfois la tête et les yeux vers son visage. Ou ils la suivent des yeux quand elle tourne la tête. C'est dans ces moments-là qu'une mère sent que son bébé la connaît, qu'il l'a déjà choisie et qu'il est attaché à elle. Cette certitude l'entraîne plus profondément dans la maternité.

L'ALLAITEMENT ET LE DÉPLACEMENT DU CENTRE DE GRAVITÉ

Les premières tétées peuvent être à la fois délicieuses et frustrantes, mais pour de nombreuses femmes, l'allaitement aide à renforcer le sentiment que c'est leur bébé et qu'elles sont la mère : « Mon bébé est venu au monde en criant et je lui ai tout de suite donné le sein. Il n'a pas hésité. J'ai su tout de suite que j'étais sa mère et lui aussi semblait avoir compris. »

Pour d'autres mères, l'allaitement est une succession de faux pas et de faux départs. Le bébé hurle et la mère est au bord du désespoir : « L'accouchement s'est bien passé, Rosie était en bonne santé, mais elle n'avait pas très envie de téter. Si je me souviens bien, il nous a fallu trois jours pour y arriver et ensuite tout s'est bien passé. J'étais désespérée, j'avais peur qu'on ne se comprenne pas ou qu'il me manque quelque chose dont elle avait besoin. Je ne me suis vraiment attachée à elle qu'à partir du troisième jour. »

Que l'allaitement se passe bien ou non, il implique un changement de perspective pour la mère. Pendant la grossesse et même juste après l'accouchement, quand le bébé est sur son ventre, le centre de gravité émotionnel de la mère demeure son ventre. C'est à cet endroit-là que s'est situé son centre de gravité physique pendant toute la grossesse. Par contre, lorsque le bébé commence à téter, le centre de gravité physique et émotionnel se déplace vers les seins et la poitrine. C'est là que le bébé se nourrit d'une part et trouve du réconfort d'autre part. Cela devient un havre de paix pour le bébé et la source d'où émane l'amour physique de la mère.

LA RÉCEPTIVITÉ ET LA PROTECTION

Il y a peu de moments dans la vie d'une femme où elle est plus vulnérable et impressionnable que pendant les heures et les jours qui suivent la naissance de son bébé. C'est comme si elle était devenue un immense champ réceptif, attendant que les événements se déroulent et l'entraînent. Elle est dans une position de fragilité constructive, sensible aux moindres détails de ce qui se dit ou se fait autour d'elle et du bébé, même aux remarques les plus insignifiantes.

Après la naissance de son bébé, une mère est d'autant plus sensible que tout ce qui se passe autour d'elle retombe sur un terrain psychique qu'elle a soigneusement préparé pendant neuf mois. En fait, c'est le moment où le bébé réel et le bébé imaginaire se rencontrent. C'est pour cette raison que les jeunes mères sont aussi fragiles. Trop souvent, le corps médical ne se rend pas compte à quel point une remarque insignifiante ou une note d'inquiétude peuvent blesser. « J'ai vu des bébés plus vigoureux », déclare un médecin à une jeune mère. Ou à un confrère : « Regarde son cœur, il ne faut rien laisser au hasard. » Ces commentaires sont perçus comme des sonnettes d'alarme par la plupart des mères, qui sont très sensibles à toute indication de danger pour leur nouveau-né.

Dans certaines situations, la jeune accouchée doit surmonter sa fatigue et sa vulnérabilité et agir avec fermeté pour se protéger et protéger son bébé. Elle doit suivre ses propres instincts, ce qui risque de la surprendre parfois.

Je connais une mère qui a eu un accouchement très difficile et très prématuré. Il y a eu des complications : le bébé n'a pas respiré tout de suite, il a dû être mis sous assistance respiratoire et a fait une hémorragie cérébrale. Lorsque le médecin a finalement pu mettre la petite fille dans les bras de sa mère, il lui a exposé la situation avec tact mais clairement. Il lui a expliqué que l'accouchement avait été très éprouvant pour le bébé, qu'il se devait de lui dire qu'il y avait un risque réel que le bébé soit aveugle, avec un retard de développement possible. Ils ont parlé un peu, puis le médecin a quitté la chambre. Après son départ, la mère s'est tournée vers sa fille et lui a dit tendrement : « Ne l'écoute pas, ma chérie. »

Cette mère a eu raison de se protéger et de protéger sa fille, face à un avenir incertain. En même temps, le médecin a eu raison de lui dire quels risques elle courait. En fait, la petite fille était tout à fait normale à l'âge de un an. Dans un cas comme celui-ci, le besoin de protection de cette jeune mère l'a propulsée dans la maternité encore plus vite.

LA JOIE

L'impact le plus fort de la naissance est cette impression d'accomplissement et de plénitude que la plupart des mères ressentent après l'événement. Les mères évoquent un mélange d'euphorie, d'épuisement, de victoire et de soulagement. Comme l'une d'entre elles me l'expliquait : « J'ai pris une douche juste après l'accouchement pour me laver. Je me suis sentie submergée de bonheur et me suis mise à pleurer. Je me suis sentie inondée par un torrent d'eau, de larmes et de lait, comme un orage tropical qui passe et disparaît. »

Derrière ce mélange d'émotions, il y a souvent le profond sentiment de faire partie d'une terre fertile, d'être membre de l'humanité, d'appartenir à l'éternité. Dans ces moments-là, lorsque la jeune mère, épuisée, mais sereine, tient son bébé dans les bras, son visage possède une expression que ni son mari, ni ses amis n'ont jamais vue. La tension qui accompagne en général les rapports humains a disparu. Son visage est calme, posé, plein d'amour intérieur. C'est un visage d'une beauté surnaturelle.

C'est aussi ce qu'éprouvent intérieurement les femmes dont l'accouchement s'est bien passé. Celles dont l'accouchement a été difficile ont parfois le sentiment d'avoir été trompées. Mais même si elles ont l'impression d'être passées à côté des moments forts, elles n'en deviendront pas moins mères.

Ce sentiment de pur accomplissement qui accompagne la naissance donne un grand sentiment de confiance en soi dès le début, lorsqu'il faut avoir confiance en soi. Vous vous dites : « J'y suis arrivée. » Même si on a dû vous faire une péridurale, une rachianesthésie, une anesthésie générale, une césarienne, même s'il a fallu rompre la poche des eaux ou avoir recours aux forceps, vous y êtes arrivée. Vous avez triomphé d'une situation qui paraissait dépasser vos capacités. Vous avez été obligée de faire confiance à vos sensations et vos instincts, de supporter la douleur et de vous surpasser physiquement pour accomplir cet exploit important. Vous avez porté un bébé et réussi à le mettre au monde.

Pendant le travail et l'accouchement, certains couples s'épaulent de façon magnifique. La femme réalise ainsi qu'elle pourra compter sur le soutien de son mari pendant qu'elle apprendra à s'occuper du bébé. La réussite de ce cheminement à deux est extrêmement bénéfique pour tout le travail qui reste à faire. Il va vous falloir en plus reconnaître que vous avez besoin du soutien, pratique et psychologique, du corps médical, des sages-femmes, des infirmières et des autres mères.

En résumé, c'est au cours de l'accouchement que s'achève la phase préparatoire à la maternité. Tous les personnages sont maintenant présents et ils ont même commencé à communiquer. Lorsque vous tenez le bébé dans vos bras, que vous touchez ses bras et ses jambes, lorsque vous le serrez contre vous, il devient votre bébé et vous devenez sa mère. Vous avez fait un formidable bond en avant dans cette nouvelle identité maternelle et vous êtes désormais pratiquement prête à affronter l'étape suivante, encore plus difficile, qui consiste à rentrer chez vous.

Mais il reste encore une étape préliminaire à franchir. C'est ce que nous allons voir au chapitre suivant.

CHAPITRE 3

Prophéties qui se réalisent et nouveaux rôles

Pour achever votre préparation à la maternité, vous aurez une tâche supplémentaire à accomplir et là encore, une bonne partie du travail se fera dans votre tête. Vous avez vécu avec un bébé imaginaire pendant les mois de grossesse, mais au moment de la naissance, les mères font des projets d'avenir dans lesquels elles assignent des rôles et des identités spécifiques non seulement à leur bébé, mais à leur mari et à elles-mêmes.

Pourquoi les mères choisissent-elles ce moment — l'époque de la naissance — pour ébaucher des projets d'avenir ? Parce que la phase préparatoire qui s'achève avec l'acte physique de l'accouchement a déjà considérablement modifié la façon dont elles se perçoivent. Lorsque vous devenez mère d'un enfant, une longue période de votre vie qui comprend votre adolescence s'achève et vous vous retrouvez face à un passé irrémédiablement perdu et à un avenir incertain.

Stoppée dans son élan par cet événement majeur, la nouvelle mère est obligée d'inventer de nouvelles manières de vivre et de nouveaux rôles et fonctions pour elle-même et pour les autres. Mais malgré les changements, il est important de maintenir une certaine continuité avec ce que vous avez connu auparavant. Vous allez redistribuer les rôles et les fonctions familiales en utilisant les mêmes cartes qui vous ont servi depuis le début : mari, parents, frères et sœurs, famille élargie. La métamorphose pendant la période post-partum est presque toujours accompagnée d'une vague de tristesse qui vient se mêler au flot des sentiments joyeux. Le fait d'attribuer des identités et des rôles imaginaires, en particulier à votre bébé, est un moyen de lutter contre ce sentiment de perte.

Les rôles et les identités que vous avez définis vont orienter les événements à venir. En tant que mère, vous prédisez quel rôle les gens vont jouer dans votre vie et quelle sera leur importance, et ces prophéties vont se réaliser. C'est pourquoi il est si important de prendre conscience de ce processus mental. Votre enfant et le reste de la famille devront vivre selon les plans que vous avez construits. Ces derniers serviront de fils conducteurs à votre vie future, mais comme ils sont en général inconscients, ils n'ont pas été mûrement réfléchis. Ces fils conducteurs représentent-ils vraiment l'avenir que vous voulez ? Vos fantasmes concernant votre fils ou votre fille peuvent lui faire accomplir de grandes choses, mais ils peuvent aussi entraver son développement. Il est bon de prendre conscience des prophéties que vous avez faites pour votre famille et de reconnaître les avantages et les risques pour tous les acteurs concernés.

Le processus imaginaire entamé avant la naissance se poursuivra après. Voici ce qui se passe : lorsque vous accouchez, le bébé imaginaire rencontre le bébé réel, mais il ne disparaît pas pour autant. Il resurgira après avoir été quelque peu révisé pour correspondre au sexe, à la taille, au tempérament et aux caractéristiques physiques du vrai bébé. Cette version corrigée continuera à exister en vous, parallèlement au bébé réel. Vous continuerez à regarder votre bébé à travers le filtre de vos souhaits, de vos rêves et de vos angoisses. Il y a le bébé que vous tenez dans vos bras et il y a le bébé qui occupe votre esprit : ce sont rarement exactement les mêmes.

En repensant aux premiers mois de sa maternité, une femme a reconnu qu'elle s'était souvent sentie frustrée, ce qui lui a permis d'analyser en partie pourquoi.

> Je n'ai pas vraiment aimé les premiers mois de la maternité. J'étais toujours à cran, j'anticipais le moment où Lise se mettrait à pleurer. J'avais l'impression qu'elle ne faisait que ça, pleurer, s'agiter et arquer son dos. Moi qui me réjouissais tellement d'être mère, ça n'avait rien à voir avec ce que je m'étais imaginé. Je commençais à me dire qu'on avait fait une grosse erreur en ayant un enfant.
>
> Finalement, nous en avons parlé, Franck et moi, parce qu'il se rendait compte que j'étais de plus en plus frustrée. Le fait d'en parler avec lui m'a fait comprendre quelque chose d'important. Cela peut paraître idiot, mais le bébé de mes rêves, celui auquel je pensais quand j'étais enceinte, était un vrai petit ange. Il restait tranquillement dans mes bras alors que les rayons de soleil entraient par la fenêtre et que les oiseaux chantaient dans le lointain.
>
> La vraie Lise n'a rien d'un ange. C'est un tigre qui ne reste jamais tranquille dans les bras de personne. Quand j'ai finalement admis que j'avais hérité d'un bébé agité, ça a été plus facile. Il n'y aura certes pas de moments paisibles au soleil avec Lise, mais il y aura des moments passionnants. Personne ne pourra jamais dire qu'il s'ennuie avec Lise.

De même, la plupart des nouvelles mères se font une image mentale d'elles-mêmes qui est souvent différente de la réalité. Vous redoutiez peut-être de ne pas entendre les pleurs de votre bébé la nuit parce que vous avez le sommeil profond et, en fait, vous vous réveillez à chaque fois sur-le-champ. Là encore, vous vous surprendrez à regarder votre vie à travers le prisme de vos angoisses et de vos désirs, ce qui éloigne la réalité de l'imaginaire. Pour certaines femmes, la vraie mère s'avère être la meilleure ; pour d'autres, c'est l'inverse. Toutes doivent confronter leurs attentes à la réalité ; toutes doivent comprendre comment ces attentes s'appliquent à leur mari, à leur bébé et à elles-mêmes.

LE BÉBÉ IMAGINAIRE RÉPOND AUX BESOINS DE LA MÈRE

Toutes les mères espèrent que leur bébé assouvira certains de leurs besoins, de leurs ambitions et de leurs désirs et, inversement, qu'il réparera leurs échecs et leurs déceptions. J'aimerais décrire les représentations les plus courantes que les femmes construisent autour du bébé à venir et du rôle qu'il est censé occuper dans leur vie.

Un amour inconditionnel

Avant de devenir mères, la plupart des femmes se demandent comment elles aimeront leur bébé et, chose aussi importante, comment leur bébé les aimera. Quand on leur parle de leur enfance, la plupart des gens estiment qu'ils n'ont pas reçu un amour inconditionnel de leurs parents : ils étaient aimés pour ce qu'ils faisaient, et non pour ce qu'ils étaient. Pour conserver l'amour de leurs parents, ils se sentaient obligés d'être bons à l'école, d'être aimés de leurs petits camarades, de réussir dans leur métier, d'être doués sur le plan sportif, d'avoir l'oreille musicale, bref, de faire tout ce que leurs parents jugeaient important. C'étaient les conditions pour être aimé.

Une femme qui porte ce genre d'histoire espérera peut-être qu'à la naissance de son enfant, elle aura finalement quelqu'un qui l'aime quoi qu'il arrive. C'est une pensée extrêmement gratifiante qui sera ressentie comme une réparation. Cependant, la mère aura du mal à supporter ces inévitables moments où son bébé se mettra en colère contre elle et la rejettera, ou bien commencera à devenir plus autonome.

Une mère explique avoir éprouvé ce genre de sentiments en voyant sa fille pour la première fois. On voit facilement comment son passé lui dicte le rôle qu'elle veut que le bébé joue.

> Ma famille s'est trompée sur toute la ligne. Nous étions quatre filles, notre mère était folle et notre père ne disait rien. À la maison, c'était le règne de l'émotion, et nous sommes toujours incapables de nous parler sans nous disputer, jouer les martyres ou nous couper la parole. C'est essentiellement dû à ma mère. Elle nous a appris à faire souffrir ceux que l'on est censé aimer. Quand j'ai enfin réussi à m'asseoir sur mon lit d'hôpital et que l'obstétricien m'a mis ma fille dans les bras, je l'ai regardée et j'ai su au plus profond de moi qu'elle serait toujours là pour moi, qu'elle me comprendrait et qu'elle ne me rejetterait pas. Je ne la laisserai pas me faire ça.

Le bébé de remplacement

Lorsqu'une femme a perdu un être cher avant la naissance de son enfant, elle va considérer son bébé comme une personne de remplacement. Ce besoin est encore plus fort lorsque le décès a lieu pendant la grossesse, mais il peut remonter à des années et le besoin demeurer aussi fort. À la fin de sa grossesse, Diane a pensé à une de ses tantes qui lui était particulièrement chère.

À l'aéroport aujourd'hui, avec toute cette neige par terre, je me suis souvenue de l'hiver dernier quand je suis allée voir tante Claudia pour la dernière fois. Je me rappelle avoir attendu avec les autres passagers, emmitouflés dans leurs gros manteaux, en me disant que j'allais la voir pour lui dire adieu.

Plus je vieillis, plus je me dis que ce qu'elle a fait pour moi est incroyable. J'avais tout juste dix ans quand elle m'a accueillie chez elle. Les enfants de dix ans me paraissent tout petits maintenant, mais à l'époque, je pensais que j'étais extrêmement mûre. Les choses étaient difficiles avec ma mère. Nous vivions dans la même maison, mais elle me paraissait à des kilomètres. Elle pleurait tout le temps et allait s'enfermer dans sa chambre. La maison semblait vide. Quand elle m'a annoncé que j'allais passer quelque temps chez tante Claudia, j'ai pensé que j'irais si ça pouvait arranger les choses.

Quand je suis arrivée chez Claudia, j'ai trouvé la maison en désordre. Maintenant, je me rends compte qu'elle était simplement habitée. Elle vivait entourée de papiers et de livres, avec un chien qui s'installait sur le canapé dès qu'elle avait le dos tourné. Le frigo était plein de restes parce qu'elle faisait vraiment la cuisine. Claudia m'a tout de suite adoptée. Parfois, elle s'installait à son bureau, mais elle n'avait pas de travail régulier. Le plus souvent, elle allait voir des amis, donnait un coup de main à la bibliothèque, s'occupait de deux vieilles dames — des sœurs — ou désherbait son jardin et celui des autres. Elle m'emmenait partout avec elle. Pendant huit mois, j'ai eu l'impression de vivre dans un monde en couleurs après avoir vécu des années en noir et blanc, seule avec ma mère.

Je n'aime pas penser qu'elle nous a quittés. Le dernier voyage a été très dur. Nous savions toutes les deux que

> c'était la fin. Et puis, deux mois après l'enterrement, je suis tombée enceinte. Dès que j'ai appris que c'était une fille, j'ai su que je l'appellerais Claudia. C'est ainsi, la vie et la mort se frôlent parfois. À l'époque, je me suis dit, comme je me le dis encore aujourd'hui : « Oh ! Claudia ! qu'est-ce que je vais devenir avec un bébé ? »

Quand la personne disparue était un parent ou un ami très proche, les futurs parents ont tendance à donner son prénom au bébé. Cette tendance est d'ailleurs encouragée par la tradition religieuse. Il arrive aussi que le nouveau parent demande au bébé de jouer le rôle que jouait la personne disparue. C'est le cas de Diane qui espère que sa fille sera pleine de vie et mettra de la couleur dans sa vie.

Parfois, ce rôle peut être extrêmement lourd à porter pour le nouveau-né. Sans le savoir, ses parents lui demandent de se substituer à quelqu'un qui n'est pas lui. Ce peut être suite à une fausse couche, à un bébé mort-né ou à un nourrisson mort de mort subite. Dans ce cas, et en particulier lorsqu'ils connaissent le sexe du bébé qu'ils ont perdu, les parents ont du mal à ne pas demander au nouveau bébé de combler le vide et à ne pas reporter sur lui les rêves que l'autre bébé a fait naître. Ce n'est pas forcément négatif, sauf si le nouveau bébé vit constamment dans l'ombre du bébé disparu.

Le bébé comme antidépresseur

Les jeunes mères sont souvent déprimées pendant des durées variables lorsqu'elles apprennent à vivre avec un bébé. D'autres femmes souffrent de dépression chronique, que l'arrivée du bébé ne dissipe pas. Dans ce cas, il arrive que la mère se serve de son bébé pour se stimuler et reprendre goût à la vie. Le bébé joue en gros le rôle d'antidépresseur.

Depuis son enfance, Diane a des tendances dépressives. Quand elle était petite, elle avait toujours une amie pleine de vie et d'entrain qui la poussait à rencontrer des gens, la tirait du côté de la vie. Il y avait toujours quelqu'un pour lui redonner de la vitalité quand elle commençait à sombrer. C'est ce que faisait sa tante Claudia et ce que sa mère était incapable de faire. Au lycée et pendant les années qui ont suivi, Diane a eu toute une série d'amies « antidéprime ». Son mari Charles joue également ce rôle de temps en temps, mais il n'y excelle pas toujours. Le fantasme de Diane, fantasme dont elle n'a pas conscience, serait que son bébé joue le rôle d'antidépresseur et de réanimateur. Il vient contredire un autre fantasme qui, lui, est conscient : avoir un bébé calme et facile.

Servir d'antidépresseur à sa mère peut être une lourde responsabilité pour un bébé. Il sera peut-être obligé de devenir très actif ou charmant (à condition que ce soit dans son caractère). Mais que va-t-il se passer si la petite Claudia est calme et silencieuse ?

Vivre par procuration à travers son enfant

Nos enfants sont inévitablement des prolongements de nous-mêmes dans l'avenir. Les parents ont tous des rêves inassouvis, des voyages inaccomplis, des chemins inexplorés. Le désir de réparer son passé à travers un enfant est parfaitement légitime. Vous finissez par penser que ce serait une bonne idée que votre fille fasse de la danse classique ou que votre fils poursuive ses études, même lorsque ce n'est pas nécessairement leur souhait ou leur intérêt. En réfléchissant à l'avenir de votre enfant, vous allez sans doute devoir revisiter votre propre passé.

Vous aurez également envie que votre enfant refasse vos expériences les plus gratifiantes et les plus réussies. Chaque fois que l'on remarque des réussites professionnelles exceptionnelles sur deux générations ou plus, c'est sans doute qu'il existe un don héréditaire doublé d'un fantasme favorable.

Bien que l'on sache que les parents vivent par procuration à travers leurs enfants, c'est souvent une tendance difficile à repérer chez soi ; et même lorsqu'on en prend conscience, on en sous-estime souvent l'influence sur l'enfant.

BÉBÉ IMAGINAIRE ET VIE CONJUGALE

Toutes les nouvelles mères se demandent quel impact leur bébé va avoir sur leur vie conjugale. Car il y aura inévitablement un impact. De deux personnes, vous allez passer à trois ; d'un couple, vous allez devenir une famille. Il y aura inévitablement des ajustements à faire. Les femmes peuvent envisager de plusieurs manières les conséquences que l'arrivée du bébé aura sur leur mariage.

Ciment ou menace

Certaines mères, et certains pères, espèrent que l'enfant soudera à jamais leur mariage. Quand le bébé sera là, se disent-ils, l'autre ne pourra plus partir. Ce rôle imaginaire du bébé peut dissimuler l'angoisse bien réelle que le mariage se désagrège. L'un des conjoints a peut-être des parents divorcés. Ou bien le couple a des problèmes qu'il n'arrive pas à résoudre. Mais que va-t-il se passer si le bébé est incapable de remplir le rôle qu'on lui a confié, si le mariage s'effondre malgré tout ? Pouvez-vous demander à votre enfant de sauver votre couple ?

Inversement, certaines femmes peuvent considérer leur bébé comme une menace pour l'harmonie de leur couple et l'exclusivité de leur relation. Il peut s'agir d'inquiétudes passagères ou plus tenaces. Si le bébé est perçu comme une menace, la mère n'a guère que deux solutions. Soit elle protège son mariage et repousse le bébé à la périphérie. Soit elle protège son bébé et repousse le couple à la périphérie. Dans les deux cas, il y aura une compétition destructrice dont soit le bébé soit le couple va pâtir, et plus vraisemblablement les deux.

Le bébé comme rival

Alors que certaines mères craignent que l'arrivée du bébé détruise la relation qu'elles ont avec leur mari, d'autres, en revanche, se focalisent sur la manière dont leur mari va réagir à la présence du bébé dans la maison. Elles s'attendent peut-être à ce que leur mari protège le bébé et peuvent être déconcertées de voir que non seulement il refuse de le prendre dans ses bras, mais qu'en plus, il en est jaloux. Il a l'impression que sa femme se désintéresse de lui et ne tient plus compte de ses besoins. Cela aboutit souvent au syndrome classique où le mari devient le deuxième bébé de la famille. Papa réclame l'attention de Maman et s'il n'est pas satisfait de la réponse (ce qui est généralement le cas puisque la mère doit s'occuper d'un vrai bébé), il désinvestit son mariage pour se perdre dans son travail.

Même dans le meilleur des cas, les couples peuvent avoir l'impression d'avoir perdu leur dynamique conjugale avec la naissance du bébé. En un sens, ils ont perdu une certaine exclusivité. Mais la plupart du temps, ce sentiment de perte ne dure pas et l'émergence de la nouvelle famille voit également l'émergence d'un nouvel équilibre. Cela dit, certaines mères se laissent accaparer par leur bébé à l'exclusion d'autres rôles, y compris celui d'épouse, ce qui explique la jalousie du père.

Dans la période qui suit la naissance de l'enfant, la manière dont un homme se comporte en tant que père et époux va en grande partie déterminer la manière dont sa femme le perçoit en tant que partenaire et en tant qu'homme. Il s'agit d'un processus à long terme, mais souvent l'avenir d'un mariage se joue autour de ces questions. Les rancœurs qui s'installent à ce moment-là peuvent durer des années. Il importe donc que les deux conjoints les examinent de manière honnête et responsable.

Le rêve d'une famille parfaite

Certaines femmes pensent que l'arrivée du bébé va apporter plus d'harmonie à leur mariage. Elles souhaitent qu'il en résulte une triade idéalisée — une famille parfaite. Dans ce fantasme, le bébé réel écope d'un lourd bagage qui appartient en fait au bébé imaginaire. Car où commence la famille parfaite ? Avec un enfant ? trois ? quatre ? dix ? Le plus souvent, ce chiffre magique dépend de la famille d'origine. Si vous étiez cinq dans votre famille d'origine et que vous n'êtes que trois dans votre nouvelle famille, vous éprouverez un vague sentiment d'échec ou d'incomplétude. Le risque est bien sûr que vous privilégiez l'idéal par rapport aux besoins réels des uns et des autres.

Quand il y a déjà un enfant dans la famille, le deuxième sera peut-être moins valorisé pour lui-même que comme compagnon nécessaire du premier. Là encore, l'histoire des parents joue un grand rôle, ce qui est tout à fait normal. Si par exemple vous avez détesté être fille unique, pourquoi ne chercheriez-vous pas à éviter ce genre de désagrément à votre enfant ? L'essentiel, pour éviter de tomber dans ce genre de piège, c'est de prendre conscience de l'enchaînement de vos pensées. Tant que vous n'aurez pas examiné vos fantasmes, vous aurez du mal à apprécier votre bébé pour ce qu'il est.

Le bébé porteur de défauts

Souvent, les parents perçoivent des défauts chez leur conjoint ou dans la famille de leur conjoint, ou même chez eux et dans leur propre famille. Ces défauts peuvent être en apparence anodins (forte myopie, petite taille, débit de paroles trop lent, nez trop grand, teint trop sombre, trop grande exubérance ou timidité trop marquée), mais ils peuvent devenir extrêmement agaçants, au point de représenter des manques plus graves chez l'autre. La mère espère naturellement que ces carences seront épargnées au bébé, mais si ce n'est pas le cas, elle aura tendance à accuser le parent qui les lui a transmises.

Même une qualité peut être perçue comme négative ou menaçante. Prenez l'exemple de Hélène. Lorsque les gens se sont mis à la complimenter sur la beauté de son fils, elle a eu du mal à comprendre ses propres réactions.

> J'ai deux superbes enfants et Dieu sait si je me donne du mal pour les élever. Leur père m'a quittée pour une femme plus jeune quand il a eu quarante ans, exactement comme son père l'avait fait avant lui. Les hommes de cette famille sont de vrais coureurs.
> Bref, chaque fois que quelqu'un regarde Jean et lui dit à quel point il est mignon, je sens mon cœur se glacer. Je ne veux pas que mon fils devienne un tombeur. Je refuse qu'il reproduise le modèle paternel.

Le bébé comme cadeau

Dans de nombreuses cultures, une femme est considérée comme une bonne à rien si elle est incapable de donner un fils à son mari. Ce n'est plus le cas en Occident, mais il y a d'autres manières de considérer un enfant comme un cadeau, ce qui ne va pas sans poser des problèmes. Supposons, par exemple, qu'une femme approche la quarantaine et veuille avoir un enfant avant qu'il ne soit trop tard, mais que son mari soit plutôt réticent. Il ne se sent pas prêt et ne sait d'ailleurs pas s'il le sera un jour. Mais ils n'ont plus le temps de régler leurs désaccords. Admettons que le mari finisse par se laisser convaincre. Le bébé devient alors quelque chose qu'il a fait pour elle, une sorte de cadeau. Lui en fera-t-il payer le prix plus tard ? Si oui, pendant combien de temps ? Et faudra-t-il que le bébé en paie, lui aussi, le prix ?

À l'inverse, il peut être très positif de percevoir un enfant comme un cadeau. Ce peut être le cas de couples qui ont un enfant après avoir essayé pendant des années. Ce bébé leur apparaît comme un don du ciel.

J'ai vu des couples très croyants qui, en apprenant qu'ils avaient mis au monde un enfant handicapé, l'interprétaient comme un don du ciel. Ces couples font en général de merveilleux parents. Ils se disent qu'en élevant leur enfant, ils accomplissent la volonté de Dieu, ce qui leur permet de se concentrer sur les aspects positifs sans être bloqués par les aspects négatifs. Ils parviennent beaucoup mieux, et avec beaucoup moins d'angoisse, à aider leur enfant à exploiter pleinement ses capacités.

BÉBÉ IMAGINAIRE ET DESTIN FAMILIAL

Les parents projettent en général leurs rêves sur leur bébé. Dès que le bébé arrive, la structure familiale existante (grands-parents, tantes, oncles, cousins, parents, frères et sœurs) doit se modifier pour faire de la place, et même une place particulière, à ce nouveau membre de la famille. Cette restructuration s'accompagne d'un rêve pour la génération future et de ce qu'il signifie pour nous, l'ancienne génération. Ces attentes qui vont peser sur l'enfant doivent être examinées.

Un agent de mobilité sociale

Lorsqu'une famille s'installe dans un nouveau pays, une nouvelle région ou un nouveau quartier, elle se sent déracinée. Après tout, il faut au moins trois générations pour se reconstruire une histoire — pour se sentir vraiment intégré.

Sans s'en rendre compte, certains parents attendent que leur bébé change leur destin. Dans leur for intérieur, ils se disent que si leur enfant va dans de bonnes écoles, gagne beaucoup d'argent ou fait un bon mariage, le statut de la famille s'en trouvera amélioré, à juste titre d'ailleurs. Ces aspirations sont le plus souvent non dites, mais l'enfant comprend parfaitement le message. En tant que parent, vous pouvez refuser de voir certains aspects de la personnalité de votre enfant ou certains dons innés parce qu'ils ne vont pas dans le sens de l'avancement social de la famille. Par exemple, si un enfant est sensible et rêveur, qu'il aime la poésie, mais que ces qualités ne sont pas perçues comme des atouts dans la perspective d'une ascension sociale, elles seront minimisées ou découragées. À l'inverse, des talents porteurs de changement, tels que l'exubérance ou l'assurance, seront fortement mis en avant.

Une des tâches les plus importantes et les plus difficiles pour les parents est de permettre à l'enfant de devenir qui il est. N'encourager que les qualités qui servent leurs rêves au détriment de ceux de l'enfant est un piège dans lequel tombent même les parents les mieux intentionnés. Toutes les conséquences ne seront pas visibles lorsque l'enfant est encore petit, mais il n'est jamais trop tôt pour réfléchir à ce que nous projetons abusivement sur nos enfants.

On a coutume de dire que les immigrants de la première génération doivent devenir soldats pour permettre à la deuxième génération de devenir fermiers, à la troisième d'être employés et, à la quatrième, d'être artistes ou chercheurs. Le bébé dont la famille a besoin afin d'atteindre son propre but peut décider de l'avenir du bébé réel, pour le meilleur ou pour le pire.

J'ai beaucoup travaillé à New York et à Genève, deux villes qui ont une forte tradition d'immigration. Mais l'immigration se répand de plus en plus à travers le monde. Globalement, dans la mesure où le processus d'enracinement prend plusieurs générations, seule une minorité de familles échappe donc à son influence. L'immigration ou la mobilité géographique sont à l'origine d'un des fantasmes actifs les plus persistants sur la manière dont nous façonnons nos enfants.

Le poids des traditions familiales

Certains bébés sont censés perpétuer les traditions familiales. Si par exemple un petit garçon appartient à une famille où tous les aînés sont avocats de père en fils depuis trois générations, il devra se battre pour rompre avec ce schéma familial. Ce sera la même chose dans une famille de sportifs, de banquiers, d'ouvriers syndicalistes ou d'apiculteurs. Ces rôles traditionnels peuvent peser extrêmement lourd sur l'avenir d'un enfant. Ils fonctionnent comme un immense champ de gravitation contrôlant quasiment tous les aspects de la vie familiale : les modèles que les parents présentent à leur enfant et que celui-ci apprend à imiter, le contenu de l'enseignement que les parents choisissent d'inculquer, les centres d'intérêt de la famille, les sujets de conversation à table, la transmission implicite ou explicite des valeurs, le choix des amis, la nature des loisirs. En général, ces forces sont tellement puissantes que les enfants ne peuvent que se conformer, se rebeller ou trouver une troisième voie. Mais il y a des chances pour qu'on leur rappelle constamment à quel point ils ont dévié par rapport au fantasme collectif de la famille.

Le conciliateur imaginaire

Si Roméo et Juliette avaient eu un enfant, celui-ci serait-il parvenu à réconcilier les deux familles ? Certains couples espèrent que la naissance de leur enfant touchera des parents qui s'étaient opposés à leur union ou qui ont même refusé d'assister à leur mariage. La femme de Samuel nous raconte l'histoire de son bébé imaginaire.

> Mon père et moi avons toujours été très proches. Je crois qu'on peut dire qu'à ses yeux, aucun homme n'était assez bien pour moi. Moi aussi, j'ai toujours idolâtré mon père. Quand j'ai ramené Samuel à la maison, j'ai cru que mon père allait avoir une crise cardiaque. Notre famille est tout ce qu'il y a de plus blanc, et Samuel est noir.
>
> Depuis deux ans, c'est l'horreur. Les échanges avec mon père sont brefs et tendus et il ne vient nous voir que lorsque ma mère l'y oblige. Cela dit, maintenant que nous attendons une petite fille, je m'imagine arriver chez mes parents et sonner à la porte avec le bébé. Mon père vient m'ouvrir et je lui tends le bébé. Qu'est-ce qu'il peut faire ? Il le prend et le tient avec raideur. Puis il arrête de me regarder pour le regarder, lui, et il craque.

C'est un scénario possible, mais imaginons que l'inverse se produise. Que va-t-il se passer si cette adorable petite fille, qui est toute prête à être aimée, déçoit profondément ses parents parce que son grand-père la rejette ? Sans le savoir, elle n'aura pas réussi à réconcilier sa mère et son grand-père, réconciliation qui est un des fantasmes maternels. C'est une responsabilité trop lourde à porter, en particulier pour un nourrisson.

Marie, dont nous avons décrit la position médiane dans le premier chapitre, propose une version moins extrême du même problème. Ses parents et ses beaux-parents ont toujours eu des rapports cordiaux, mais distants, en partie à cause de leurs différences sociales et religieuses. Marie espère que son futur bébé comblera ce fossé et qu'elle se sentira mieux acceptée par la famille de Jacques. Voici comment elle envisage son bébé imaginaire.

> Je ne me suis jamais sentie très à l'aise dans ma belle-famille et la soirée d'hier n'a rien d'exceptionnel à cet égard. Ils sont tellement différents de ma famille. Ils sont beaucoup plus bruyants ; ils ont besoin de parler tous en même temps pour avoir vraiment l'impression de communiquer.
> Heureusement que mes parents n'étaient pas là hier soir. La réception de mariage s'était déjà suffisamment mal passée. Dans la famille de Jacques, tout le monde buvait et dansait comme des fous, pendant que ma famille, toujours assise, essayait de discuter. Je me retrouve toujours au milieu à vouloir défendre un clan contre l'autre et je ne suis pas très douée. Jacques ne prend jamais la défense de personne, mais je sais qu'il aimerait que j'apprécie davantage sa famille.
> Ce n'est pas que je ne les aime pas, mais je ne sais jamais comment me comporter avec eux. La soirée d'hier était tout à fait typique. Je suivais trois conversations à la fois, sans arriver à placer un mot. Tout le monde s'amusait ; moi, je me faisais l'effet d'un vrai glaçon. Je sais que je donne l'impression d'être snob, mais ce n'est pas vrai. C'est juste que je n'arrive pas à être simple avec eux. Je me souviens m'être dit : « Pourvu qu'ils n'aient pas envie de faire des jeux de société après le dîner. » Je pense que Jacques se demande pourquoi je ne suis pas le courant, comme tout le monde. J'avais envie de leur dire qu'il fallait que j'aille me coucher. Je suis tellement énorme qu'ils n'auraient rien pu m'objecter.
> Quand le bébé sera là, je pense... enfin, j'espère que ça ira mieux. Toute l'attention se reportera sur lui et je serai tranquille. Les parents de Jacques seront ravis d'avoir un bébé à la maison et peut-être que j'existerai enfin à leurs yeux une fois que j'aurai apporté un nouveau membre à la famille. Ce serait fantastique de voir mes parents et mes beaux-parents réunis dans la même pièce et que tout le monde s'entende ! Et se sente à l'aise. Quel tableau ce serait ! Il faudra que le bébé soit sacrément diplomate pour contenter tout le

monde. Mais ça ne devrait pas être trop dur : il n'aura qu'à sourire et être gentil.

Diane, qui a une relation plus distante avec sa mère, a refusé depuis très longtemps que ses parents jouent le moindre rôle dans son mariage et encore moins dans sa vie. Contrairement à Marie, elle n'a aucun fantasme de réparation. Pour elle, ce genre de pensée est inconcevable et peut-être même indésirable.

Le désir et la crainte que les deux familles d'origine se retrouvent autour de l'enfant touchent une corde très sensible dans un couple. Mais il faut d'abord que les nouveaux parents fondent leur famille nucléaire et lui accordent une relative priorité. Cela signifie qu'ils doivent prendre une certaine distance par rapport à leurs parents. Pour Diane, ce ne sera pas difficile, mais pour Émilie (la mère fusionnelle), ce sera plus compliqué. On peut voir ce conflit à l'œuvre dans le rêve qu'elle a fait plusieurs mois après la naissance de son bébé.

> C'était un rêve très déroutant. Il y avait ma mère, ma grand-mère, ma sœur, un bébé et moi, et nous étions toutes dans une cabine de bains, en train de nous doucher. Mais tout le monde changeait constamment d'âge. À un moment donné, ma grand-mère était la jeune femme avec le bébé. Et le bébé était... je ne sais pas... Moi ? Ma fille ? Ma mère ? Ma mère et moi, nous étions plus vieilles et nous regardions la scène. Puis ça a changé de nouveau. Ma sœur et moi étions enfants et nous étions sur la plage. Je portais un vieux maillot de bain une pièce des années vingt, un maillot tout noir, et quelqu'un d'autre s'occupait du bébé. C'était étrange. Nous nous amusions bien, mais il y avait quelque chose de troublant.

Dans le rêve d'Émilie, on a du mal à dire où s'arrête une génération et où commence l'autre, ce qui lui posera effectivement un problème. Elle s'imagine qu'elle et le nouveau bébé resteront automatiquement dans le giron de sa famille. Elle n'a pas encore conscience des tensions qui se produiront lorsqu'elle essaiera de se poser non plus en tant que fille, mais en tant que mère. Elle n'a pas beaucoup réfléchi à la place qu'occupera sa nouvelle famille dans sa famille d'origine. Son bébé n'y joue aucun rôle imaginaire. Plus tard, quand certaines tensions apparaîtront autour des différents rôles qu'elle doit jouer, il faudra qu'elle fasse attention de ne pas accuser le bébé d'avoir créé des interférences entre elle et sa famille.

Le rôle du bébé dans la mythologie familiale

Les familles se construisent des mythes qui les aident à structurer la vie de leurs différents membres. Le futur bébé peut tout à fait se voir attribuer un rôle dans le cadre de ces mythes familiaux. Par exemple, quand différentes branches d'une même famille se haïssent, une des branches peut souhaiter que quelqu'un les venge — qu'il redresse les torts, qu'il rende à la famille son ancien statut ou qu'il restaure sa fortune perdue.

Dans la plupart des familles, il y a des inégalités entre les différentes branches. Par exemple, la famille du frère aîné qui se trouve être le préféré des parents peut être mieux considérée ou mieux traitée que celle du frère cadet. Tout le monde est conscient de ces différences de statut, mais personne n'en parle, sauf dans les moments de crise. Dans ce cas, la famille du frère cadet ne pourra pas s'empêcher de rêver que leur bébé devienne un grand sportif, une vedette, un génie ou un grand P-DG, ce qui leur assurerait une place au soleil.

Il y a d'autres rôles, dont un grand nombre se transmettent de génération en génération, que les membres de la famille endossent à la seule fin de préserver l'équilibre de la structure familiale. Il peut y avoir le clown, le sage, le héros, le sauveur, le confident, la brebis galeuse, la femme fatale et coupable de tous les péchés, l'espoir de la famille qui est néanmoins en situation d'échec, la commère (à qui tout le monde parle en privé, en sachant très bien qu'elle répétera tout), le garant de l'unité familiale, celui qui maintient le contact. Il y a souvent une tendance inconsciente à pousser les membres de la jeune génération vers un de ces rôles.

Si les circonstances sont favorables — que la place est libre et que le sexe du bébé est le bon —, on dira que l'enfant suit les traces de telle ou telle personne. Il faut parfois faire de gros efforts pour se débarrasser de ces stéréotypes et laisser au bébé la possibilité d'affirmer son identité.

Il existe bien d'autres bébés imaginaires qui sont un mélange de fantasmes, de désirs, de peurs et d'histoires anciennes : le bébé comme compagnon de jeu, comme amour de votre vie, comme double, comme preuve de votre féminité ou de votre créativité, comme accomplissement de soi, comme enfant d'un ancien amant, etc. Soulignons que tous ces bébés imaginaires sont des constructions normales de la psyché qui essaie de comprendre un des événements fondateurs de l'existence. Si l'on n'y prend pas garde, ces bébés imaginaires peuvent devenir problématiques et projeter le bébé réel dans un rôle qui n'est pas le sien ou qui est trop lourd à porter.

Il est important de reconnaître que votre enfant est porteur d'un projet parce qu'une fois que vous en aurez conscience, vous pourrez décider de le rejeter ou au contraire de vous y tenir. Vous vous en servirez pour aider votre enfant à reconnaître et à réaliser ses propres schémas internes, mais vous devrez aussi apprendre à le mettre de côté pour voir qui est votre bébé. Le bébé et la famille que vous vous êtes imaginés deviennent une prophétie qui se réalise. C'est à vous d'identifier vos propres projections et de déterminer si c'est vraiment ce que vous voulez pour votre enfant.

C'est avec la formation de ces idéaux que s'achève la phase préparatoire de l'identité maternelle. Maintenant que les rôles et les fonctions imaginaires des uns et des autres sont en place, la véritable naissance de la mère peut avoir lieu. Et ce sont les tâches les plus courantes de la maternité qui vont finalement forger cette identité de mère.

II

La naissance d'une mère

CHAPITRE 4

Garantir la survie de votre bébé

Lorsque vous arriverez chez vous avec votre nouveau bébé, vous allez être confrontée aux tâches parentales les plus élémentaires, que vous vous sentiez prête ou non. Toutes les mères doivent apprendre le b.a.-ba et y parviennent ; il faut que le bébé vive et se développe. Ces nouvelles responsabilités si importantes marquent le début d'une nouvelle identité psychologique. C'est en les assumant que vous allez vraiment devenir mère.

La première tâche maternelle, incontournable, consiste à garder votre bébé en vie. Dès les premières minutes, vous allez devoir assurer la survie et la croissance de votre progéniture. La société a tendance à oublier la dureté de cette réalité et à considérer comme allant de soi cette étape qui est pourtant essentielle et chargée d'émotions pour la mère. En vivant avec votre nouveau-né, vous allez sans cesse vous rendre compte à quel point ce petit être fragile est dépendant de vous et vous demander si vous êtes capable d'assurer sa survie et, en plus, sa croissance.

Pourquoi est-ce là une tâche aussi primordiale et chargée de sens ? La survie de l'individu à travers sa progéniture est la plus grande responsabilité que la nature impose au monde animal. C'est ce qui nous pousse à nous reproduire et à faire perdurer l'espèce. Toutes les théories biologiques et psychologiques affirment que pour y parvenir, l'animal humain est doté d'instincts qui assurent la transmission de ses gènes d'une génération à l'autre.

Nous sommes d'abord dotés d'un instinct de conservation qui nous permet de vivre suffisamment longtemps pour nous reproduire. Nous avons ensuite des instincts sociaux qui nous permettent d'établir des relations avec des personnes du sexe opposé et de nous reproduire. Et nous sommes bien sûr équipés d'instincts sexuels qui garantissent la continuation de l'espèce.

Admettons que tous ces mécanismes instinctifs réussissent. Que se passe-t-il ? On a un bébé, produit ultime. Mais ces instincts ne nous serviraient à rien si nous ne possédions des instructions encodées qui nous apprennent à nous occuper de cet enfant jusqu'à ce que ses propres instincts de survie prennent le relais. En tant que mère, vous devenez automatiquement un maillon essentiel dans la chaîne de l'évolution. En s'occupant chaque jour de son bébé, une mère joue un rôle essentiel dans le grand projet de la nature.

Je n'ai jusque-là décrit que la théorie, mais c'est ce que vivent les femmes quotidiennement en s'occupant de leur bébé. Ce qui rend l'expérience maternelle si singulière, c'est qu'elle oblige une femme à se préoccuper de choses tout à fait nouvelles et à agir sous l'emprise d'impulsions qui lui sont inconnues.

La réalité de la responsabilité frappe les femmes de plein fouet. Malgré le soutien médical et familial, malgré l'aide de votre mari pour une partie des soins, la société vous a désignée comme l'ultime responsable. Si quelque chose ne va pas, il y a de fortes chances pour que cela retombe sur vos épaules. C'est une des réalités les plus difficiles à accepter pour une jeune mère.

Certaines femmes s'en rendent compte à l'hôpital, juste après l'accouchement. D'autres s'en aperçoivent une semaine plus tard, lorsqu'elles rentrent à la maison. Cette prise de conscience peut avoir lieu à un moment totalement banal : quand les mères tiennent leur bébé dans leurs bras et sentent combien il est petit et vulnérable ou bien quand elles regardent sa minuscule cage thoracique se soulever pendant qu'il dort. Quel que soit le moment, la prise de conscience de cette énorme responsabilité va modifier leur vie pour toujours.

Regardons plus attentivement ces premières responsabilités et les inquiétudes qu'elles entraînent.

MAINTENIR VOTRE BÉBÉ EN VIE

La première inquiétude de la jeune mère, c'est de savoir si son bébé respire. Pendant les premières nuits qui suivent le retour à la maison et souvent pendant quelque temps ensuite, cette préoccupation sera si forte que vous vous lèverez plus d'une fois pour aller voir votre bébé. Vous en rirez peut-être le lendemain mais sur le moment, le sentiment d'urgence est impérieux et grave et il ne peut être ignoré sans provoquer une grande angoisse.

Une jeune mère, dont la sœur avait perdu son bébé de mort subite du nourrisson, m'a fait la confidence suivante :

> À la naissance du bébé, nous avons acheté un interphone pour pouvoir surveiller tout ce qui se passait

dans sa chambre, sans doute à cause de ce qui était arrivé à ma sœur. Je me souviens avoir couché le bébé pour sa sieste et pris l'interphone dans la cuisine. Je ne pense pas être particulièrement angoissée, mais je devais inconsciemment vérifier qu'il respirait bien parce que dès que je n'entendais plus rien ou que sa respiration devenait irrégulière, je me précipitais à l'étage pour voir si tout allait bien. Combien de fois me suis-je retrouvée la main sur son dos ou l'oreille tout près de son visage pour vérifier qu'il respirait bien. Parfois j'avais du mal à l'entendre tellement j'étais essoufflée d'être montée en courant.

La plupart des jeunes mères redoutent que leur bébé meure ou soit blessé en raison d'une inattention ou d'une maladresse de leur part. N'avez-vous jamais eu peur que votre bébé tombe de la table à langer au moment où vous ne regardez pas, qu'il vous glisse des mains après que vous l'avez savonné et se noie dans la baignoire, qu'il se cogne la tête contre la baignoire quand vous le sortez du bain, qu'il s'étrangle avec ses draps ou se coince la tête sous l'oreiller et s'étouffe ? Vous avez sans doute dû avoir peur de l'écraser quand il dormait avec vous, craint qu'il suffoque sous les couvertures parce qu'il était trop couvert ou qu'il prenne froid la nuit, surtout si la fenêtre était restée ouverte.

Ces peurs naturelles maintiennent les mères en état d'alerte et les aident à intérioriser leurs nouvelles responsabilités. Elles peuvent se manifester de façon étrange, par exemple dans le choix des personnes que vous autorisez à prendre le bébé. Après tout, vous êtes responsable de ce petit être vivant, il est donc normal que vous soyez vigilante et que vous sachiez si tel ou tel individu représente un danger potentiel pour lui ou non. Vous serez sans doute surprise d'agir en dépit des règles élémentaires de la politesse avec certains membres de votre famille ou avec vos amis. Vous agirez selon la confiance que ces gens vous inspirent et pas forcément selon leur degré de proximité. Ce jugement très subjectif risque de créer des problèmes délicats à l'intérieur de la famille. Une mère raconte cet incident :

> Nous avons une amie dans la famille qui parle beaucoup et qui est tout le temps en train de triturer quelque chose avec ses mains. Comme son mari est une personnalité de la ville, les gens sont polis, même si elle a un caractère assez difficile. Elle est passée chez ma mère un jour où j'étais là et elle a voulu prendre le bébé. Ma mère le tenait et lui a passé. Le bébé l'a regardée en écarquillant les yeux, il a fait la grimace et s'est mis à pleurer. Elle a commencé à le secouer en lui disant : « Il ne faut pas pleurer, il ne faut pas pleurer. » « Il a faim », ai-je dit sans attendre, et j'ai immédiatement repris le bébé pour l'emmener dans une autre chambre. C'était très impoli, mais ça m'était égal. Je ne voulais pas que cette femme tienne mon bébé dans ses bras.

Il est parfaitement compréhensible que vous soyez obsédée par le besoin de protéger votre bébé, même lorsque les risques sont mineurs. La plupart des femmes se rendent compte qu'elles n'ont jamais éprouvé un amour et une inquiétude aussi intenses que pour cet enfant.

> Quand ma fille avait trois semaines, je l'ai mise dans le kangourou et je suis sortie avec elle pour faire des courses. Nous habitons dans le centre et les trottoirs sont encombrés de gens qui se dépêchent. À un passage clouté, j'ai attendu avant de commencer à traverser. Des gens arrivaient dans l'autre sens. J'ai repéré un homme qui fonçait droit sur nous. J'ai pensé qu'il allait nous rentrer dedans. J'ai immédiatement croisé les bras pour protéger le bébé, prête à saisir l'homme par le col. Il est passé à toute vitesse et il a disparu. En une fraction de seconde, j'ai eu une telle montée d'adrénaline que j'aurais pu le tuer.

Ces pensées catastrophes sont inévitables. Pour une mère qui manque d'expérience et qui a l'ultime responsabilité de son bébé, un nouveau-né paraît fragile et vulnérable. Ce n'est qu'avec l'expérience qu'on se rend compte à quel point les nouveau-nés sont robustes. Pendant mes premières années de médecine, quand j'ai découvert toutes les maladies que l'on peut contracter, vivre une existence complète me semblait de l'ordre du miracle. Dans les années qui ont suivi la fin de mes études et le début de mon expérience clinique, je n'en revenais pas de voir à quel point le corps humain est résistant et bien adapté. La maladie et la mort ont du travail à faire pour entamer la constitution de l'être humain, ce qu'une jeune mère a parfois du mal à apprécier.

Les craintes concernant la vie du bébé diminuent avec le temps, mais elles ne disparaissent jamais complètement. Elles passent simplement à l'arrière-plan de vos préoccupations et s'adaptent à l'âge de l'enfant. La mère d'un enfant de deux ans aura peur qu'il s'étrangle avec une ficelle ou qu'il mette les doigts dans une prise électrique ; la mère d'un adolescent pensera aux accidents de la route. Il existe toujours une inquiétude latente, prête à être ravivée en toute circonstance.

ASSURER LA CROISSANCE ET LE BIEN-ÊTRE DE VOTRE BÉBÉ

Une deuxième série d'inquiétudes majeures concerne la prise de poids et la santé du bébé. Toutes les mères se sont demandé un jour : a-t-il bien tété ? Vais-je avoir assez de lait ? Vais-je savoir s'il a assez mangé ? Vais-je savoir lire ses signaux et savoir si la tétée se passe bien ? Mon mamelon est-il adapté à sa bouche ? Mon bébé va-t-il être allergique à mon lait ? Mon lait coule-t-il trop vite au risque de l'étouffer, ou trop lentement au point que cela l'énerve ? Va-t-il se déshydrater ? Faudra-t-il qu'il retourne à l'hôpital ? Toutes ces questions se posent, que vous ayez choisi l'allaitement au sein ou le biberon. Elles referont surface lorsque votre bébé passera à une alimentation diversifiée.

Pour ce qui concerne l'alimentation, comme pour la survie physique, vous êtes mue par des forces que vous ne contrôlez pas. D'abord, vous répondez immédiatement aux signaux du bébé (ses cris incessants ou son sourire enchanteur) et vous êtes incapable de réprimer vos sentiments face à ces signaux. Vous êtes à l'écoute de vos propres sentiments. Ensuite, vous accomplissez une série d'actes instinctifs comme lui tenir la tête, le caresser d'une certaine façon ou le mettre au sein. Et puis, il y a tout ce que la société attend de vous et que vous reproduisez spontanément. Si l'on met tout ça bout à bout, il n'est pas étonnant que vous vous leviez en pleine nuit pendant des semaines alors que vous êtes au bord de l'épuisement. Ne soyez pas surprise que votre emploi du temps soit calé sur les heures de repas et de sommeil du bébé. Il est logique que tout ce qui concerne l'alimentation et la prise de poids du bébé soit un sujet aussi sensible et grave. Après tout, il en va de la survie du bébé. Une mère raconte :

> Quand mon fils avait juste une semaine, il a commencé à perdre du poids. Le médecin semblait préoccupé et me disait qu'il fallait que mon bébé grossisse. J'ai commencé à paniquer. Plus je paniquais, moins j'avais de lait, et très vite, le bébé est revenu à son poids de naissance. Le médecin était catastrophé et il a fallu que je complète avec des biberons. Je ne m'étais jamais sentie aussi désemparée. Je m'accrochais à ce bébé de toutes mes forces. Je voulais le nourrir, j'essayais de le

> nourrir, j'attendais qu'il fasse son rot et je me demandais tout le temps s'il prenait du poids.
> Lorsqu'il a vomi pour la première fois, j'étais terrorisée. Il ne pouvait plus manger ? Allait-il dépérir ? Les médecins parlaient de problèmes de croissance et je ne pensais qu'à une chose, que mon bébé prenne du poids. En règle générale, je fais attention à moi. J'aime être bien coiffée, bien habillée, mais à ce moment-là, je m'en fichais complètement. Je me promenais avec les mêmes vêtements d'un jour sur l'autre, mon bébé dans les bras. Lorsqu'il a dépassé la barre des quatre kilos, j'ai fondu en larmes dans le cabinet du pédiatre. Une seule chose m'importait : qu'il mange.

Il n'est pas étonnant que des décisions en apparence simples comme le fait de donner le sein, le biberon ou les deux soient à ce point sensibles. De même, certaines remarques de votre mère comme « dis donc, il n'est pas bien gros » ou « pourquoi elle n'a pas les joues plus remplies ? » risquent de provoquer des drames. Vous avez beau essayer d'en rire, elles mettent le doigt sur vos préoccupations essentielles et vous ne pourrez pas vous empêcher de les prendre comme des reproches sur votre capacité à être mère. Parfois, ces commentaires laissent des traces ou marquent le début de conflits familiaux qui mettront des années à se résorber. Ce qui est en jeu est trop vital. Tout ce qui sape votre confiance en vous alors que vous accomplissez une tâche entièrement nouvelle est blessant et intolérable.

Une jeune mère s'est mise à douter d'elle après un enchaînement d'événements presque risibles un après-midi, peu après la naissance de sa fille :

> Lorsque j'ai commencé à faire les courses avec ma fille, je l'ai mise dans un kangourou. Le premier jour de beau temps, nous sommes sorties et j'étais ravie d'être au soleil avec elle. À la bibliothèque, une femme que je

ne connaissais pas s'est approchée. « Excusez-moi, m'a-t-elle dit, mais vous ne savez pas que votre bébé peut prendre froid ? Mettez-lui immédiatement des chaussettes. » Ça m'a tellement troublée que j'ai vite sorti une paire de chaussettes de mon sac et les ai mises aux pieds de ma fille.

Plus tard ce même jour, alors que je rentrais chez moi, j'étais sur le trottoir et j'attendais pour traverser. Je commençais à prendre l'habitude que les gens s'arrêtent pour regarder le bébé et lui faire des sourires. J'ai remarqué un homme qui semblait s'intéresser beaucoup à elle. Finalement, il s'est penché vers moi et m'a dit : « On voit que c'est votre premier. Vous devriez lui enlever ses chaussettes. Il fait beaucoup trop chaud. » À nouveau échaudée, je lui ai retiré ses chaussettes avant de traverser la rue.

Une fois dans l'appartement, j'ai poussé un soupir de soulagement. J'étais enfin à l'abri des inconnus qui donnent des conseils. J'ai mis ma fille au lit pour sa sieste et je suis allée dans la pièce d'à côté. Elle s'est mise à pleurer, mais je savais qu'elle allait s'endormir au bout de quelques minutes. C'est alors que j'ai entendu un drôle de bruit, comme si quelqu'un tapait à la fenêtre de sa chambre. C'était impossible. Nous habitons au troisième étage. Je me suis précipitée dans sa chambre, et quelle ne fut pas ma surprise en voyant un homme, de l'autre côté de la fenêtre, debout sur un échafaudage, un pinceau à la main.

Quand il m'a vue arriver dans la chambre, il m'a fait un grand sourire en me montrant le berceau. « Votre bébé pleure », m'a-t-il dit à travers la vitre, ravi d'avoir pu me prévenir. J'en aurais pleuré. Étais-je incapable de m'occuper de cet enfant au point que des gens aient besoin d'escalader la façade de mon immeuble pour me dire ce qu'il fallait que je fasse ?

SUIS-JE FAITE POUR ÊTRE MÈRE ?

La responsabilité de la survie et de la croissance de votre bébé est d'autant plus lourde à porter qu'elle renvoie à une question fondamentale : celle de votre réussite en tant qu'animal humain, en tant qu'organisme si bien conçu par la nature qu'il est capable de se reproduire et d'assurer la survie de l'espèce. Vous ne vous interrogez pas tous les jours en ces termes et pourtant, cette question sous-tend de nombreuses craintes quotidiennes.

Pensez-vous être un animal naturellement doué pour la maternité ? Êtes-vous capable d'élever la prochaine génération et d'assurer la descendance familiale ? Ces questions sont essentielles. Et bien qu'elles soient rarement abordées, il est évident que pour toutes les personnes concernées (vous, votre mari et la famille), c'est bien de cela qu'il s'agit. On teste votre fonctionnement biologique à son niveau le plus fondamental et vous allez devoir prouver que vous êtes compétente.

Quand vous vous débattez dans votre rôle de jeune mère, vous ne vous posez pas consciemment ces questions parce que cela vous rendrait malade. Pourtant, ce sont elles qui vous poussent à agir selon des critères dont vous n'arrivez pas à établir l'origine. C'est une responsabilité incroyable.

Dans notre société, l'échec professionnel est mal vu, l'échec social est abominable, mais l'échec de l'animal humain est pratiquement impensable. Nombre de jeunes mères s'étonnent que les chiens, les chats ou les mammifères sauvages comme les biches sachent ce qu'ils doivent faire. Elles aimeraient tellement posséder les mêmes instincts que les animaux pour maintenir leur bébé en vie et en bonne santé. Elles savent pertinemment qu'elles rencontreront des situations où leur expérience ne suffira pas et qu'il leur faudra alors puiser dans leurs instincts maternels, en espérant qu'ils soient au rendez-vous et qu'ils servent à quelque chose.

NOUVELLE PERSPECTIVE SUR LES CRAINTES MATERNELLES

Vos craintes concernant la survie du bébé et vos dons d'animal humain sont non seulement normales, mais nécessaires. Elles vous permettent de rester vigilante face aux dangers potentiels qui menacent le bébé et aux interférences susceptibles de vous gêner dans votre rôle de mère. Après tout, ces dangers sont réels, même s'ils sont peu fréquents. Une mère animée par des craintes « positives » réduit effectivement les risques d'accidents, les mauvais conseils, les erreurs, et tisse un filet de sécurité plus solide autour de son bébé.

On peut même se demander s'il s'agit véritablement de peurs. Certes, elles sont perçues comme telles, mais ce sont aussi des réponses à un signal d'alarme que seuls les parents détectent. On pourrait parler de « réponses vigilantes ». Au cours de l'évolution, les animaux, hommes compris, ont eu besoin d'accroître leur vigilance face à l'eau, l'altitude, les prédateurs, les inconnus potentiellement menaçants, les aliments non comestibles, les objets pointus et une foule d'autres dangers naturels. Aujourd'hui, il existe peu de prédateurs naturels, mais il y a toute une panoplie de nouveaux dangers propres à l'environnement — les tables à langer, les berceaux situés dans des chambres loin de la mère, les baignoires, les produits manufacturés, etc. Ces nouveaux « prédateurs » représentent des dangers pour le bébé. Et les mères s'en défendent comme s'il s'agissait de lions ou de loups sauvages.

Pendant trop longtemps, les professionnels de la santé mentale ont dit que les craintes de voir son bébé suffoquer, tomber ou échapper des bras — en clair, de le voir mourir — étaient en grande partie l'expression des sentiments négatifs de la mère à l'égard de son bébé ou de ses désirs inconscients de le blesser ou de se débarrasser de lui. La plupart des théories psychologiques partent du principe que toute relation intime est un mélange d'amour et de haine. Cela dit, interpréter la réponse vigilante d'une mère (une peur) comme une manifestation d'ambivalence est erroné et, à mon sens, plus néfaste qu'utile. Cela ne fait que blesser la mère, qui va avoir tendance à douter fortement d'elle-même.

Il est vrai que chez une petite minorité de femmes, ces peurs prennent des proportions exagérées — elles cessent d'être positives — et génèrent une grande angoisse, surtout lorsqu'il y a tentation de passage à l'acte. Nous avons tous entendu parler de ces mères qui, n'arrivant pas à calmer leur bébé qui hurle, le secouent pour le faire taire, causant des blessures physiques très graves, et parfois même la mort. Mais il s'agit là de femmes qui ont besoin d'aide psychologique.

Dans la plupart des cas, les réponses vigilantes et la peur qui les accompagne sont utiles à la mère et à son bébé : elles ont une fonction protectrice. C'est le moyen que la nature a trouvé pour garantir la survie de votre bébé, et bien que cela crée une tension psychologique forte, ces peurs sont en fait votre allié. Voici comment la mère de la petite Anna exprime ce sentiment de vigilance accru :

> Je suis devenue nerveuse pour des choses qui ne me gênaient pas avant. Autrefois, je n'y faisais même pas attention. Maintenant c'est comme si j'avais des antennes sensibles à tout ce qui pouvait faire mal à Anna. Hier soir, j'étais en train de lire dans le salon (en fait, je m'étais plus ou moins assoupie) quand j'ai vu le chat monter en direction de la chambre d'Anna. Même dans mon état de torpeur, j'ai tout de suite pensé qu'il risquait de sauter dans son berceau et de l'étouffer. Je me suis levée en sursaut, j'ai monté l'escalier quatre à quatre et j'ai immédiatement sorti le chat de sa chambre. De la folie ? Je ne sais pas. En tout cas, je l'ai fait.

LA FATIGUE, OU L'ÉPREUVE DU FEU

En tant que jeune mère, vous allez vous rendre compte qu'en plus de la peur, la fatigue est une terrible ennemie pendant les semaines et les mois qui suivent l'accouchement. Il est important de comprendre sa fatigue, pourquoi elle s'accumule et devient si profonde. Souvenez-vous d'abord que dans l'écrasante majorité des cas, vous êtes le principal dispensateur de soins pour le bébé et que vous portez sur vos épaules toute la responsabilité. Cela signifie que, vingt-quatre heures sur vingt-quatre, une partie de vous est constamment sollicitée, pour agir ou déléguer, ou absorbée par des questions concernant le bébé. La première année, les vacances sans bébé sont au mieux limitées et ne sont jamais simples, même si l'enfant est entre de bonnes mains. Si vous sortez un soir ou si vous partez en vacances, le fait de téléphoner à la maison va vous rassurer et vous permettre de supporter l'absence plus facilement.

La profonde fatigue des jeunes mères est souvent due au fait que les nouveau-nés sont totalement imprévisibles. Au bout d'une semaine de vie à la maison, il est difficile de prévoir ce qu'un bébé va faire dans le quart d'heure qui suit. Au bout de quelques semaines, il est plus facile d'anticiper ce qui va se passer dans l'heure, mais pas toujours. Ce n'est qu'au bout de plusieurs mois, lorsque les cycles d'alimentation, de sommeil et d'activités sont devenus suffisamment réguliers, que les jeunes mères arrivent à s'organiser pour soulager leur fatigue.

Le problème de la fatigue est rarement résolu par un retour au travail. Même si de nombreuses mères perçoivent leur travail, aussi prenant soit-il, comme une décharge par rapport au bébé, le problème de la fatigue ne disparaît pas pour autant. Une mère explique :

> J'ai recommencé à travailler quand ma fille avait trois mois, mais il fallait que je me lève plusieurs fois par nuit pour la nourrir. Ensuite, elle a attrapé un rhume et elle avait du mal à dormir, ce qui fait qu'elle me réveillait encore plus souvent. J'avais le visage bouffi tellement j'étais fatiguée et je ne me rappelais plus de rien. Je ne savais plus si je m'étais brossé les dents ou non. Au bout de quelques jours, je me suis installée dans le salon avec le bébé pour que mon mari puisse dormir. Un soir, je me suis endormie à six heures, toute habillée, la tête dépassant de l'accoudoir du canapé et le bébé sur ma poitrine. Cela m'était égal. J'aurais donné n'importe quoi pour faire une nuit complète.

Ce qui rend également la maternité si fatigante, c'est qu'une mère est censée savoir agir en toute circonstance, qu'elle sache faire ou non. Même lorsqu'elle délègue une tâche à un membre de la famille ou à un ami, c'est elle qui porte l'ultime responsabilité. C'est d'autant plus difficile qu'il n'existe aucune formation qui vous permette de prévoir ce qui va se passer dans telle ou telle situation. Cette pression constante accentue le niveau de fatigue. Voici un autre témoignage :

> Pendant le premier mois, mon bébé se réveillait toutes les deux heures. J'étais tellement fatiguée que j'avais l'impression que j'allais devenir folle si je ne dormais pas. Mon mari était retourné au travail et moi, je dormais, je nourrissais le bébé, je dormais, je nourrissais le bébé, vingt-quatre heures sur vingt-quatre. Il n'y avait plus ni jour ni nuit. Je ne pensais qu'à une chose, c'est que ma fille allait se réveiller deux heures plus tard et qu'il fallait que je dorme entre-temps. Une nuit, vers quatre heures du matin, mon mari s'est réveillé et m'a trouvée allongée dans le lit en train de pleurer de fatigue.

Tout cela contribue à créer un niveau d'épuisement chronique que l'on rencontre rarement à d'autres moments de l'existence. Vous vous rendrez compte qu'on ne peut pas y échapper. Vous aimez tellement votre bébé et vous vous faites tellement de souci pour sa santé et sa sécurité que vous ne pouvez tout simplement pas ignorer ses besoins. Déboussolées et affaiblies par la fatigue, les mères ont souvent l'impression de devenir folles. C'est l'épreuve du feu pour une mère.

Il n'est pas étonnant qu'on vous recommande de dormir dès que vous le pouvez. Profitez de toutes les occasions qui se présentent et évitez toute activité qui ne soit pas vitale pour vous ou le bébé. Il a besoin de vous pour s'épanouir.

Passé le cap difficile des premiers mois, lorsque la vie trouve un cours plus régulier, les mères se souviennent de cette période comme d'un grand flou — un fatras informe de plaisirs et de satisfactions entrecoupés d'inquiétudes, de peurs et de fatigue. Vous n'en reviendrez pas d'avoir pu surmonter toutes ces épreuves. À mesure que le temps passe et que votre bébé grandit sans problème majeur (à part quelques anicroches en chemin), vous aurez la certitude d'avoir franchi toutes les étapes pour vous sentir mère à part entière.

Vous émergerez de ces épreuves avec le sentiment d'être une mère compétente et « suffisamment bonne ». Cette certitude durement acquise est une des pierres angulaires de la psyché maternelle. Elle ajoute une dimension essentielle à l'identité maternelle, dimension qui sera l'un des fondements de la maternité à venir.

CHAPITRE 5

L'amour : la responsabilité de l'intimité

Parallèlement au besoin très concret de garantir la survie de votre bébé, vous allez assumer la responsabilité tout aussi étonnante de développer une relation d'amour intime avec le nouvel être. À la différence de la relation intime que vous pouvez entretenir avec vos parents, vos frères et sœurs, votre mari ou votre meilleure amie, celle-ci est inhabituelle car elle est fondée sur une interaction qui ne passe pas par la communication verbale. Demandez-vous ce que cela signifie pour vous d'avoir une relation avec quelqu'un et vous comprendrez. Cette nouvelle relation va faire appel à votre expérience de l'intimité. Complètement inattendue dans son intensité, la relation avec votre bébé va faire appel et interpeller toutes vos capacités d'aimer, de partager, de communiquer, de donner et de recevoir.

En tant que nouvelle mère, vous allez recevoir et réguler l'expérience de votre enfant selon un style qui vous est propre. Et ce style restera relativement stable, que vous jouiez avec votre bébé, que vous le nourrissiez, que vous lui parliez ou que vous fixiez des limites. La puissance de cette interaction est due au fait que lorsque vous vous occupez de votre bébé, vous êtes obligatoirement confrontée à des aspects importants de votre personnalité. Que vous viviez cette expérience comme une chance ou comme une déception, elle sera forcément révélatrice.

Avant de devenir mère, vous considériez sans doute la plupart des aspects de votre personnalité comme allant de soi. Avec l'arrivée de la maternité, vous allez être obligée de réexaminer une partie de vous dont on parle généralement peu — la manière dont vous vous connectez aux autres — et être amenée à vous poser un certain nombre de questions sur vous en tant que personne. Il y aura peut-être des choses à repenser et même à changer. Il est en général plus facile de changer lorsqu'on a pris le temps de réfléchir. Vous allez peut-être devoir songer à la manière dont vous vous liez aux autres et à ce que cela implique dans les relations que vous souhaitez avoir avec votre bébé.

Voici certaines des questions que vous vous poserez sur l'amour et l'attachement que vous éprouvez pour votre bébé. Êtes-vous capable de l'aimer et, chose plus importante encore, l'aimerez-vous ? Et lui, vous aimera-t-il ? Serez-vous capable de sentir et d'accepter son amour ? Penserez-vous que ce bébé est réellement le vôtre et qu'il vous a choisie comme étant sa mère ? Serez-vous capable de vous lier convenablement à lui ? Et enfin, êtes-vous douée pour la maternité ? Avez-vous ce qu'il faut pour cela ?

Les psychologues disent qu'au centre de ces questions, il y a la capacité à établir une « relation primaire adéquate » avec l'enfant. Pour mieux comprendre ce que cela signifie, commençons par le mot « adéquat ». Ce terme implique qu'il n'existe pas de mère parfaite : ce que la plupart des mères offrent à leur enfant sera « suffisamment bon » pour qu'il se développe normalement. Vous êtes sans doute soulagée d'apprendre qu'il n'y a pas de mère parfaite et que si vous étiez parfaite, ce serait sans doute mauvais pour votre enfant.

Je dis cela parce que l'essentiel dans l'éducation d'un enfant, ce sont les frustrations répétées, les maladresses et les contretemps maternels qui obligent l'enfant à adopter des stratégies de survie, les faux pas et les fausses notes dans les interactions qui seront corrigés. Pour vivre avec les autres, nous avons tous besoin d'apprendre que les erreurs peuvent être réparées et comment faire. C'est quelque chose que votre bébé devra apprendre lui aussi. Les erreurs sont extrêmement utiles lorsqu'on apprend à se connecter à un bébé. Ce qu'il faut espérer, c'est qu'elles ne soient pas trop graves et qu'elles ne restent pas trop longtemps ignorées.

Revenons au concept de « relation primaire adéquate » : nous utilisons le terme « primaire » pour désigner la relation mère-enfant avant que celui-ci soit en âge de parler. Qui plus est, cette relation fait appel à ce que l'intimité a de plus fondamental : l'attachement, l'amour, l'empathie, l'identification et la capacité à considérer son bébé comme objet de rêverie et d'inquiétude.

La responsabilité physique de votre bébé va tester vos capacités d'animal alors que la responsabilité de l'amour avec votre bébé va tester vos capacités d'être humain. Ces deux tâches maternelles fondamentales — la garantie de la survie et l'amour — vont de pair. L'amour vous poussera à travailler dur pour assurer la survie de votre bébé. Et inversement, les soins quotidiens vous fourniront l'occasion d'interactions qui feront naître une relation intime avec votre bébé et vous pousseront à l'aimer davantage.

Dans ce chapitre, nous allons nous intéresser à

trois interactions quotidiennes qui sont le point de départ de l'intimité et de l'amour. Ce sont des gestes que vous faites automatiquement et que vous ne songeriez pas à analyser d'aussi près. Cependant, plus vous les examinerez, plus ils vous apparaîtront déterminants, et leur importance pour l'avenir de votre bébé vous semblera évidente.

LA TÉTÉE

Pendant environ un an, la communication mère-enfant est essentiellement non verbale. Même si vous n'avez jamais appris ce mode de relation, vous ne l'avez jamais vraiment oublié non plus. Ce savoir est en quelque sorte demeuré intact en vous. Vous apprendrez à vous y fier et vous l'appellerez « instinct maternel ». Il s'agit de décrypter les signaux de votre bébé, de sentir ce qu'il faut faire, quand il faut le faire et comment. Laissez-moi par exemple vous décrire une tétée normale entre une mère et son fils de deux mois, Paul. Une tétée « normale » n'existe bien évidemment pas dans la mesure où chaque mère et son bébé inventent celle qui leur convient. Il y a cependant plusieurs phases dans une tétée qui vont évoluer en fonction de l'âge de l'enfant. Il s'agit donc plus d'un exemple que d'un idéal.

Lorsque Paul saisit le mamelon de sa mère et commence à téter, Johanne reste instinctivement silencieuse et immobile. Pendant la première phase de la tétée, les bébés boivent avidement et rapidement, absorbant une grande quantité de lait pendant les deux premières minutes avec des gorgées puissantes et concentrées. Durant ces deux premières minutes, la plupart des mères évitent de parler ou de bouger, ou d'agiter le sein ou le biberon. Elles ne font rien qui puisse déranger le travail intense de l'enfant. C'est exactement ce que fait Johanne — rien. Elle reste silencieuse, regardant ailleurs tout en surveillant Paul grâce à sa vision périphérique pour pouvoir enregistrer visuellement les mouvements qui lui échapperaient physiquement.

Au bout d'un moment, cette première phase touchant à sa fin, Paul commence à se détendre un peu. Il tète moins vite, son corps se relâche et il se met à regarder autour de lui. La sensation de faim n'est plus aussi pressante et il est prêt à observer, à écouter et à se laisser caresser tout en continuant à téter, mais de manière moins empressée.

Johanne choisit instinctivement ce changement de rythme et d'intensité pour modifier son attitude. Dans cette deuxième phase, elle devient plus active. Elle y est bien obligée : quand les bébés commencent à ralentir leur tétée, à se laisser distraire par le monde qui les entoure ou à s'endormir, leurs mères doivent stimuler leur système nerveux et les recentrer sur la tétée. À ce moment-là, Johanne secoue légèrement le bras qui soutient la tête de Paul, déclenchant un nouvel accès de tétée vigoureuse.

Elle essaie à deux reprises, mais sans succès. Elle a alors recours à un niveau de stimulation supérieur pour recentrer Paul sur son travail et l'encourager à téter. Elle le regarde et se met à lui parler. Il recommence à téter mais seulement un court instant. Elle passe ensuite à un niveau de stimulation supérieur et se met à se balancer en secouant doucement le bras qui soutient la tête de Paul. Cela marche tant qu'elle continue à le faire, mais au bout d'un moment, il s'arrête à nouveau. Persuadée qu'il n'a pas assez bu de lait, elle passe à la vitesse supérieure : elle se lève et se met à marcher dans la pièce en lui parlant et en secouant son bras. Paul se remet à boire. Tout cela a pris un certain nombre de minutes.

La mère est comme un chef d'orchestre. (Ou est-ce le bébé, le véritable chef d'orchestre ? Ou les deux à tour de rôle ?) Elle coordonne les différents instruments (petites secousses, secousses plus fortes, paroles d'encouragement) de manière à ce que le bébé reste suffisamment éveillé pour que la tétée se poursuive à une allure raisonnable. Comme un compositeur lorsque le thème principal perd de son intérêt, elle le fait jouer par différents instruments à différents degrés d'intensité.

Dans la phase finale de la tétée, Paul, qui a presque fini, tète très légèrement et de manière intermittente. Dans ces moments-là, les bébés ne savent plus très bien s'ils veulent continuer à téter, dormir, jouer ou faire un rot. Dans la tétée qui nous intéresse, Paul a déjà fait son rot et il est sur le point de s'endormir. Mais Johanne se dit qu'il pourrait prendre un peu plus de lait. Elle va donc user d'une technique beaucoup plus subtile pour le stimuler, une technique qui ne soit ni trop violente, ce qui le réveillerait en sursaut et le ferait pleurer ; ni trop douce, ce qui n'aurait aucun effet.

Elle prend la main gauche de Paul dans sa main gauche à elle (il est à son sein gauche) et commence une très douce danse de la main, une sorte de pas de deux avec les doigts. Instinctivement, elle apporte des stimulations suffisamment douces et variées à son bébé qui est maintenant assoupi pour qu'il continue à téter. Et quand il est prêt à vraiment glisser dans le sommeil, elle s'arrête. Là encore, elle reste calme et immobile un moment, comme elle l'a fait en début de tétée, le temps que Paul s'endorme complètement. Ce n'est qu'alors qu'elle le couche dans son lit pour qu'il fasse la sieste.

Ce que nous venons de décrire est un événement relativement banal, une des nombreuses tétées qui ont lieu en une journée. Et pourtant, c'est aussi un chef-d'œuvre d'interaction humaine, brillamment orchestré, qui se déroule essentiellement en dehors de la conscience. Il est important de souligner que toutes les tétées ne se passent pas aussi bien. La plupart connaissent des ratages mineurs — des mauvais calculs de la part de la mère, des retards, des impasses qui nécessitent de faire marche arrière, des ruptures temporaires et des réajustements. Le bébé ou la mère sont peut-être fatigués, de mauvaise humeur ou préoccupés. Et pourtant, ces gestes puisent dans un répertoire qui est commun aux deux. Le bébé et sa mère apprennent vite les pas de cette nouvelle danse.

La tétée est une interaction naturelle et vitale qui vous donnera confiance en vos capacités à communiquer avec votre bébé. Vous apprendrez à décrypter ses signaux de bébé et vous adopterez des comportements qui permettront une tétée mutuellement satisfaisante. Vous apprendrez à vous adapter au mieux à votre bébé et vous commencerez à le percevoir comme une personne à part entière. La relation mère-enfant se construira sur des interactions aussi simples qu'une tétée.

LE JEU

Le jeu est un autre exemple d'attachement parce que, contrairement à la tétée, il n'a aucun but pratique. Pendant le jeu, il n'y a ni lait à boire ni couche à changer. L'unique but du jeu est l'amusement réciproque. C'est vrai que c'est également le meilleur moyen d'apprendre quelque chose à un tout-petit, mais l'apprentissage n'est pas le but du jeu, ce n'en est qu'une merveilleuse conséquence.

Du fait de cette absence de but, le jeu est une activité à part. C'est la chose la plus facile au monde et la plus difficile. Souvenez-vous qu'à cet âge, le bébé ne sait pas parler, ne sait pas encore manipuler des objets, ne peut pas se déplacer et ne comprend pas les mots que vous lui dites. Le jeu va se limiter à des sons, des expressions faciales, des regards rendus ou détournés, des mouvements et des gestes, et au partage de l'excitation physique. C'est l'interaction humaine dans ce qu'elle a de plus rudimentaire. C'est une activité simple, pure, irréfléchie — de l'improvisation libre.

Pour bien improviser, il faut être sûre de soi, ne pas avoir peur de ce qui peut se passer et être capable de jouer sans béquille. Voilà pourquoi, plus que toute autre activité, le jeu peut poser des difficultés aux jeunes mères. Il fait naître des questions familières telles que : suis-je une bonne comédienne ? Est-ce que je sais être spontanée ? Est-ce que je sais répondre à mon bébé sur-le-champ, sans réfléchir ? Suis-je capable de trouver un équilibre entre initier et suivre ? Suis-je capable de mesurer le degré d'excitation et d'animation de mon bébé et de voir s'il croît ou s'il baisse ? Et d'inventer un comportement qui soit bien dosé (tiré d'un répertoire intuitif) de manière à ce que le jeu continue ? Puis-je m'oublier quelques instants pour ne me préoccuper que de mon bébé et me glisser dans sa peau ou son esprit pour mieux le connaître ? Pour le connaître tout simplement ? Pour lui permettre d'apprendre à me connaître ? Y a-t-il quelque chose à connaître de moi ? Ce que je suis est-il suffisamment clair pour qu'un bébé le comprenne ? Saurons-nous établir la plus fondamentale des relations humaines qui est aussi la plus simple ?

Arrêtons-nous un instant pour expliquer comment fonctionne le jeu libre. Cela nous permettra de mieux répondre à toutes ces questions. Supposons qu'une mère et un bébé de quatre mois soient face à face sur la table à langer ou lorsque le bébé vient de se réveiller. Ils se regardent pendant un moment, puis la mère dit : « Bonjour, mon cœur », en guise de salut. Le visage du bébé s'éclaire légèrement, ce qui amène la maman à répéter sa phrase : « Bonjour, mon cœur », sans doute avec un léger changement d'intonation.

La deuxième fois, le bébé ébauche un petit sourire. Que va-t-il se passer maintenant ? La mère ne peut pas répéter sa phrase, au risque d'ennuyer le bébé. Les nourrissons sont très sensibles à la répétition et ils décrochent vite. La mère modifie alors instinctivement sa phrase. « Oui, bonjour, toi, mon cœur. » Le sourire du bébé s'accentue et ses yeux brillent davantage. Sa mère ajoute alors : « N'est-ce pas que tu es mon cœur ? » En guise de réponse, il jette sa tête en arrière et sourit davantage. Son excitation croît peut-être plus qu'elle ne le souhaite à ce moment-là. Alors, la fois suivante, elle dit d'une voix plus douce et plus mesurée pour éviter qu'il ne s'excite trop « mon petit cœur », modifiant les mots pour qu'il reste intéressé, mais à un niveau d'excitation inférieur.

Le bébé ne comprend bien évidemment pas le sens des mots. Pour lui, ce sont plutôt de courtes phrases musicales. À cet âge, la musique précède la parole. Les mots de la mère sont des objets sonores. En transformant chaque phrase sonore, la mère suscite l'attention du bébé, modulant son degré d'animation et de joie. Elle crée un thème principal et une variation autour du son « cœur ». Cela lui permet à la fois de garder son bébé fasciné et de réguler son état émotionnel. Tout cela se passe sans réfléchir. En fait, la mère continue à s'amuser elle aussi, ce qui est essentiel, sinon elle ne jouerait pas bien. C'est de l'improvisation sociale à son niveau le plus élémentaire. C'est l'essence même du jeu !

Les mères savent très vite si elles sont bonnes ou non pour ce genre de jeu, si elles le font spontanément ou non. Elles savent aussi que ces improvisations sociales ne marchent que si on aime suffisamment son bébé pour se perdre en lui quelques instants, si on n'est pas trop préoccupée par ailleurs, pas trop inhibée pour ce genre d'activités spontanées, pas trop fatiguée ou déprimée pour vouloir jouer. Toutes ces situations posent le problème de la responsabilité intime d'être *avec* son bébé.

Là encore, la nature veille à ce que rien ne vienne gâcher cette chorégraphie sociale. Le bébé est conçu pour être un interprète virtuose : il est capable de réguler le niveau de stimulation externe qui lui vient de sa mère et son propre niveau de stimulation interne. Il possède toute une gamme de comportements innés — détourner ou fermer les yeux, tourner la tête, regarder au loin sans voir, faire des vocalises ou des expressions faciales facilement reconnaissables, raidir ou détendre son corps, gigoter, pleurer ou s'endormir —, comportements qui vous permettent de savoir s'il a besoin d'être plus ou moins stimulé.

De son côté, la mère est une interprète virtuose en ceci qu'elle va réguler le déroulement de l'interaction en fonction des signaux du bébé. Ensemble, ils élaborent des motifs d'interaction superbement compliqués qui, par moments, semblent demander des efforts démesurés, avec des rectifications et des réparations constantes, et qui, à d'autres moments, semblent totalement naturels. Si les choses se passent mal, la nature s'assure en général que le bébé et sa mère fonctionnent en tandem, provoquant des changements chez l'un qui se répercutent sur l'autre, afin que le couple travaille « suffisamment bien » ensemble.

Voici un autre exemple de la manière dont fonctionne l'intimité chez la plupart des mères. Il s'agit d'un jeu — en fait, un des jeux de bébé les plus populaires au monde —, « la petite bête qui monte ». J'ai vu des parents jouer à ce jeu aux États-Unis, en Europe, en Scandinavie et en Russie. Les mots varient, mais les intonations et les gestes sont partout les mêmes.

Voici en quoi il consiste. Rébecca, six mois, est couchée sur le dos. Sa mère, Paula, introduit le thème principal. Elle se penche sur sa fille et fait remonter ses doigts sur son ventre et sa poitrine en direction de son cou. En faisant remonter ses doigts, elle dit : « La petite bête qui monte, qui monte... » Le but du jeu est évidemment d'aller chatouiller le menton du bébé. Sous l'effet du plaisir, Rébecca devient immédiatement attentive.

Deux secondes plus tard, Paula répète le thème. Les bébés savent très bien mesurer les intervalles de temps courts. Au bout de la deuxième fois, Rébecca sait que les doigts de sa mère commenceront à remonter sur son ventre dans deux secondes. Elle regarde sa mère préparer la « marche des doigts ».

Paula introduit alors la première variation. Elle diffère la marche des doigts d'une demi-seconde et ralentit le rythme de la phrase « la petite bête... qui monte... qui monte... ». L'attente de Rébecca se prolonge en même temps que son niveau d'excitation augmente. Comme elle s'attend à ce que la marche des doigts suivante ait lieu dans deux secondes et demie, Paula introduit une variation supplémentaire. Elle laisse passer une seconde avant de commencer la quatrième marche des doigts. Cette fois, Rébecca est obligée d'attendre trois secondes et demie avant que sa mère ne dise : « La petite... bête... qui monte... qui monte... » d'une voix plus aiguë en laissant monter le suspense.

À présent, Rébecca se tortille de plaisir, concentrée sur l'attente. Elle se dit que sa mère va retarder le moment où elle va commencer la marche des doigts un peu plus à chaque fois dans un crescendo de violations temporelles. On peut se demander comment un bébé sait tout cela, mais c'est remarquablement simple. C'est grosso modo la même chose que de suivre un rythme musical. Quel que soit notre âge, nous sommes extrêmement sensibles aux changements de rythme, ce qui se passe ici.

Rébecca estime donc que la cinquième marche des doigts aura lieu environ quatre secondes après la précédente et elle se prépare. C'est à ce moment-là que la mère introduit la dernière variation — la chute, si l'on veut. Elle chatouille le cou de Rébecca seulement une seconde après la dernière marche des doigts, bien avant ce à quoi s'attend Rébecca. Le jeu se termine par des chatouilles, Paula disant « guili-guili ! ».

Contrairement aux précédentes variations, cette dernière a pris le bébé par surprise. Rébecca, dont le système nerveux est à son point d'excitation maximum, éclate de rire sous l'effet de la surprise. La mère et la fille rient ensemble. Le jeu, une succession de variations temporelles qui régulent l'état du bébé, est terminé et un moment merveilleux a été partagé.

Comme vous avez sans doute pu vous en rendre compte, ces jeux qui ont fait leurs preuves sont d'un grand secours pour les mères (« coucou ! » en est un autre). Non seulement ils marchent avec tous les bébés, mais ils sont là tout prêts quand les mères sont trop fatiguées pour improviser, quand elles ne sont pas inspirées ou qu'elles font autre chose. Une mère explique ce qu'elle a trouvé pour calmer son bébé en voiture.

> C'est un peu gênant d'avouer ce que je fais en voiture quand ma fille commence à chougner. Je ne crois pas qu'elle soit vraiment malheureuse ; je crois simplement qu'elle s'ennuie. Cela dit, je ne peux pas faire grand-chose. Elle est attachée dans son siège et il y a encore un quart d'heure de route. J'ai mis au point tout un numéro pour ces situations et j'arrive en général à capter son attention et à lui faire oublier ses malheurs.
>
> D'abord, je lui tends un biscuit et si ça ne marche pas, je commence à lui parler. Je lui raconte où on va et pourquoi d'une voix enjouée, en mettant l'accent sur certains mots comme son prénom, Morgane, et celui de son petit ami, Nikky.
>
> Si elle continue à chougner, je commence à chanter. C'est la chanson de « Qui-qui ». Il n'y a pas d'air particulier, mais il y a beaucoup de rythme. « On va voir qui, qui, qui ? L'ami de Morgane, Nik-KY ! » En disant « KY », je monte d'un ton, je tape sur le tableau de bord ou sur le siège, ou je donne un coup de klaxon. Elle se met inévitablement à rire en anticipant la fin. J'ai évidemment l'air totalement ridicule et j'aurai sûrement un retrait de permis un jour, mais ça évite qu'elle pleure.

Ces jeux et ces improvisations tout simples testent vos capacités de mère et contribuent à la création de votre identité maternelle. Puisque vous avez la responsabilité de réguler l'excitation et le plaisir de votre bébé, vous apprendrez à mener le jeu sans être trop dirigiste. Vous apprendrez à être suffisamment attentive aux signaux du bébé pour savoir si le jeu va trop vite ou trop lentement ou encore s'il faut en commencer un autre. Vous apprendrez à reconnaître quand votre bébé est trop excité et risque de fondre en larmes.

Si je tenais autant à détailler les activités qui

concernent vos responsabilités intimes, c'est qu'avec le temps, vous vous rendrez compte à quel point avoir un bébé est un moment privilégié. Pendant ces premières années, vous ne vous forgez pas seulement une identité maternelle, mais vous avez aussi l'occasion de vous réinventer en tant qu'individu. Les adultes ont rarement cette chance, mais la maternité en est une ; l'amour, une autre.

Les psychologues désignent ces événements majeurs de la vie comme des crises normales. Une crise normale vous oblige à déconstruire vos manières d'être habituelles et à les reconstruire selon des axes différents. Dans ce sens, la maternité est potentiellement une « crise constructive » où les changements personnels sont non seulement plus faciles que d'habitude, mais aussi plus nécessaires. La maternité des débuts est un creuset où de nouvelles identités se forgent à partir d'identités plus anciennes. Plus vous réfléchirez à ce que vous faites, plus vous influencerez la direction de ces changements qui ont une portée considérable. Gardons cela présent à l'esprit et continuons à explorer les activités quotidiennes ordinaires de la mère et du bébé.

Les choix ou les décisions que vous faites au cours d'une tétée ou d'un jeu sont l'expression profonde de votre personnalité. Quelles sont les expériences que vous tolérez bien ou mal ? Lesquelles préférez-vous et quelles sont celles que vous voulez pour votre bébé ? Aimez-vous l'excitation ? La recherchez-vous ? Est-ce un aspect de votre personnalité que vous valorisez ? Ou bien préférez-vous construire votre vie autour d'un centre de calme à partir duquel vous vous orientez vers l'extérieur ? La personne que vous êtes, que vous aimez être, et que vous voulez que votre bébé soit, tout cela se reflétera dans la manière dont vous régulerez l'expérience de votre bébé à l'occasion de ces activités simples et répétées.

À travers ces jeux en apparence anodins, le bébé s'adapte à ce que sa mère juge être une excitation acceptable. Ce qui est en jeu ici est décisif. Votre comportement reflète directement la quantité de joie, d'hilarité, de calme et de silence que vous attendez quand vous êtes avec quelqu'un d'autre. Vous avez la chance de pouvoir modifier vos anciennes exigences pour créer un environnement propice au bon développement de votre bébé.

La manière dont vous régulez l'expérience de votre bébé refera surface au moment où il se mettra à ramper, puis à marcher. Elle resurgira au moment où vous apprendrez à votre enfant à parler. Comment allez-vous introduire de nouveaux mots, comment allez-vous réagir aux erreurs, aux confusions, aux frustrations ? Votre mode d'interaction reviendra au premier plan lorsqu'il s'agira de fixer des limites (un sujet qui intéresse énormément les mères et les petits). Serez-vous sévère, tolérante, permissive ou flexible ? Et plus tard, quand votre enfant commencera à vous raconter ce qu'il a fait à l'école, comment réagirez-vous à ses efforts ? Essayerez-vous de savoir ce qui s'est réellement passé ou le laisserez-vous raconter son histoire à sa manière ? Supporterez-vous qu'il y ait des blancs ou des contradictions et si vous ne le supportez pas, comment allez-vous y remédier ? Vous intéresserez-vous davantage aux faits ou à l'histoire ?

À travers tous ces événements, l'enfant apprend des choses fondamentales sur ce que cela signifie d'être avec quelqu'un d'autre, sur ce qu'il doit attendre, supporter et désirer. Ces leçons l'accompagneront dans toutes ses relations ultérieures. Et vous qui travaillez dans le laboratoire des interactions mère-enfant, vous avez la chance de pouvoir inventer de nouvelles manières d'être avec vous-même et avec les autres.

L'IDENTIFICATION ET L'AMOUR

Pouvoir s'identifier à son bébé est un autre aspect important de la relation primaire. S'identifier, c'est se glisser dans la peau ou dans l'esprit de son bébé grâce à l'empathie et être capable de transformer ses sentiments pour se conformer à ceux que l'on prête au bébé. Vous avez l'impression de savoir quel effet cela fait d'être le bébé (pour un temps en tout cas) et de mieux le connaître.

Lorsque vous vous laissez aller à ce genre d'échange empathique, vous établissez un lien émotionnel spécial avec votre enfant. Vous avez mis quelque chose de vous dans ce petit être, tout comme il a mis quelque chose de lui en vous, marquant ainsi le début d'une relation unique. Il est important de noter ici que si tout le monde est capable de s'occuper physiquement d'un bébé, rares sont ceux, en dehors de ses parents, de ses grands-parents et de ses parents proches, qui sont en mesure d'effectuer le travail d'identification qui donne naissance à l'amour.

Nous avons visité des orphelinats dans des pays comme la Roumanie où les enfants sont placés à la naissance et vivent dans les pires conditions. Ils sont en retard dans leur développement et continuent en général à avoir des problèmes même après avoir été adoptés. Le personnel leur apporte des soins physiques suffisamment bons, mais le manque de liens émotionnels authentiques empêche le type d'identification dont ces bébés ont besoin pour se développer sur le plan affectif.

De temps à autre, nous repérions un ou deux nourrissons qui allaient beaucoup mieux que la vingtaine d'autres petits qui se trouvaient dans leur service. Il se trouve que ces bébés étaient devenus le « chouchou » d'une infirmière. Elle le prenait avec elle et le traitait différemment des autres. Les enfants qui reçoivent une dose d'amour et d'identification suffisante se développent beaucoup mieux. L'identification et l'amour ont une importance cruciale. Même une dose modérée (« suffisamment bonne ») peut faire merveille.

De nombreux spécialistes de la petite enfance ainsi que des mères ont parlé de la capacité à s'identifier à son bébé dans des conditions normales. Nous sommes tous capables de nous identifier aux autres, mais cette capacité est particulièrement forte chez une mère qui a un enfant. Souvent, les mères se disent relativement indifférentes aux bébés des autres, n'éprouvent aucune empathie particulière, alors qu'elles établissent une relation immédiate et intense avec leur propre enfant. Prenons ce simple récit d'un déjeuner avec une nouvelle mère :

> Avant que j'aie moi-même des enfants, je suis allée déjeuner avec une amie qui venait d'avoir un bébé. Avant, nous avions l'habitude de parler une heure durant, sautant d'un sujet à l'autre sans nous arrêter. Mais cette fois, tout était différent. Elle avait installé son bébé dans un petit siège auto par terre à côté de notre table. Je me souviens de ma surprise et de ma gêne quand j'ai réalisé à quel point elle était obnubilée par son nourrisson.
>
> Elle a passé la quasi-totalité du repas à le regarder, à lui susurrer des mots doux, à lui passer le doigt sur la joue, à lui faire des mimiques et à réagir à ses moindres mouvements. Nous avons très peu parlé et je ne comprenais pas ce qu'elle pouvait lui trouver de si fascinant. Je n'ai compris que le jour où j'ai moi-même eu un bébé. Là, tout s'est éclairé.

Certaines mères se demandent si elles seront capables de s'identifier à leur bébé. Elles se demandent si elles seront capables d'établir une relation privilégiée avec lui. Que se passerait-il si une autre mère prenait leur place ? Le bébé verrait-il la différence ? S'en apercevrait-il seulement ? Elles peuvent aussi s'imaginer que leur bébé leur a été enlevé à la naissance et que celui qui est là n'est pas vraiment le leur. Ces mères s'interrogent sur le lien qu'elles ont avec leur bébé sans pour autant arriver à savoir ce qui ne va pas. Dans les cas les plus extrêmes, il est nécessaire d'intervenir. Mais ce sont des exceptions. Le plus souvent, les mères ont des inquiétudes passagères. Après tout, c'est la première fois qu'elles s'immergent ainsi en quelqu'un. Elles avancent en partie en terrain inconnu.

Pour bien vous identifier à votre bébé, vous devez tomber amoureuse de ce petit être. L'amour est le moteur de l'intérêt et de l'attention qui provoque l'empathie. Les amoureux se mettent facilement dans la peau de l'autre, prêts à partager leurs expériences intimes. Voilà ce que cela signifie de « faire connaissance ». C'est ainsi que les liens émotionnels se forgent. Tomber amoureuse d'un bébé n'a sans doute rien à voir avec une histoire d'amour entre adultes, mais l'intensité de la passion est la même.

Assumer la responsabilité d'aimer son bébé est crucial pour son développement optimal. Cela ajoute une dimension à la psyché maternelle et contribue grandement à façonner votre nouvelle identité. Bien sûr, ce processus ne se fait pas dans le vide. Vous vous tournerez vraisemblablement vers d'autres mères pour leur demander conseils, soutien et reconnaissance. C'est ce que nous verrons dans le chapitre suivant.

CHAPITRE 6

Le besoin d'être validée

En même temps que vous vous débattez pour garantir la survie de votre bébé et pour établir une certaine intimité avec ce petit être, vous allez partir en campagne en éprouvant un énorme besoin d'entrer en contact avec d'autres femmes qui valideront vos expériences maternelles. Il est indispensable que vous obteniez un soutien psychologique ou pratique pour vous sentir à l'aise comme jeune mère. Ce besoin et cette quête de reconnaissance peuvent paraître banals, mais nous verrons qu'en fait, cette démarche permet aux femmes de se découvrir, ce qui est un élément essentiel dans l'élaboration de leur identité maternelle.

LE SOUTIEN PSYCHOLOGIQUE DES AUTRES FEMMES

Le besoin de soutien psychologique se fait en général sentir juste après l'accouchement. Nous avons demandé à toute une série de femmes vers qui elles s'étaient tournées pour demander de l'aide quand elles étaient à la maternité. Voici une réponse qui indique bien le type d'appui recherché par les jeunes mères :

> Ma réponse me surprend un peu. Tous les matins, vers sept heures et quart, la femme de service venait faire le ménage dans ma chambre. Elle avait une cinquantaine d'années et était déjà grand-mère. Dès qu'elle arrivait, elle s'approchait du lit pour me dire bonjour et regardait longuement le bébé. En général, elle faisait un petit commentaire du genre « votre bébé a l'air en pleine forme » ou « vous vous débrouillez drôlement bien tous les deux ». Puis on discutait cinq minutes. Elle me parlait de ses petits-enfants, me racontait ses expériences avec ses enfants. En fait, on parlait surtout bébés. Ensuite, elle se mettait au travail. J'étais contente de la voir tous les matins. Ça me remontait le moral. Bien sûr, la venue des infirmières et des médecins était rassurante, mais elle avait plus un aspect médical ou technique. La présence de mon mari était évidemment essentielle. Mais la visite de cette femme était un des moments forts de ma journée.

Ce n'est qu'un témoignage parmi d'autres, mais il montre à quel point les femmes ont besoin d'être réconfortées, écoutées, encouragées et soutenues par des femmes qui ont de l'expérience.

La maternité est un apprentissage et toutes les mères qui débutent ont besoin de se référer à un modèle — un maître qui a déjà fait ses preuves. Ce maître n'est pas seulement là pour vous donner des conseils ou des informations, mais pour vous apporter un environnement psychologique dans lequel vous vous sentirez en confiance et en sécurité et qui vous encouragera à explorer vos capacités de parent.

Appelons cet environnement « matrice de soutien ». Certains psychiatres parlent d'« environnement porteur », comme si la mère était retenue par des bras protecteurs.

Au centre de cette matrice se trouve souvent le désir d'une figure maternelle bienveillante ou d'une grand-mère idéalisée qui joue le rôle positif de la mère sans en avoir les inévitables aspects négatifs. Ce désir est rarement réalisé, parce que la mère de la jeune mère habite loin, qu'elle n'est plus là ou que la relation mère-fille est difficile. Mais la plupart des jeunes mères recherchent cette figure idéale là où elles le peuvent. Consciemment ou inconsciemment, elles ont profondément besoin d'un soutien psychologique : elles ont besoin de discuter avec d'autres mères et de savoir comment elles se débrouillent. Lorsque deux mères se rencontrent au jardin public, à la crèche ou chez le pédiatre, elles échangent des informations et des impressions à plus d'un niveau. Ces interactions les rassurent (je sais m'occuper de mon bébé), leur apprennent certaines astuces (j'ai trouvé un truc pour ne pas tout le temps perdre la sucette), leur prouvent qu'elles savent se débrouiller (j'ai compris comment plier rapidement la poussette pour monter dans le bus), et leur indiquent qu'elles appartiennent au monde de la maternité (je ne suis pas seule).

Une femme ayant une grande expérience de la maternité se souvient de sa rencontre avec une jeune mère :

> Avec mon mari, nous sommes allés chez des amis qui avaient un bébé d'une semaine. Nos deux enfants sont déjà grands et c'était amusant de voir un nouveau-né. Nos amis se sentent assez isolés, leurs familles habitent loin... Et du coup, Sarah, la jeune mère, s'est accrochée à moi dès que j'ai eu franchi le pas de la porte.
>
> Nous sommes restés une heure et pendant tout ce temps, Sarah n'a jamais posé le bébé. Elle venait vers moi avec le petit dans les bras et me bombardait de questions : « Tu sais ce que c'est, ce truc qu'il a, au coin de l'œil ? » « Tu ne trouves pas qu'il est tonique ? »

> « C'est quoi, cette rougeur, là ? » « Comment tu faisais pour le bain avec les tiens ? Ce siège de baignoire me fait un peu peur. » « C'est difficile de dire quand ils ont sommeil, tu ne trouves pas ? »
> Je m'efforçais de la rassurer, me rappelant combien j'étais moi-même désemparée avec mon premier enfant. C'était presque douloureux de voir à quel point elle recherchait mon approbation et mes conseils, et je ne sais pas si je l'ai aidée. Cette femme, qui était à la tête d'un cabinet d'avocats, se retrouvait chez elle avec son bébé sans savoir quoi faire. Son mari ne pouvait pas l'aider beaucoup : il en savait encore moins qu'elle.

Même si votre mari vous apporte un soutien psychologique essentiel, il est incapable de constituer une matrice de soutien pour la simple et bonne raison qu'il n'a aucune expérience en matière de bébé. Et puis, comme nous l'avons déjà vu, les centres d'intérêt et de préoccupation des mères se déplacent au moment de la naissance du bébé. Elles se tournent plus volontiers vers d'autres femmes et s'intéressent davantage à leurs mères qu'à leurs pères (que ce soit conscient ou non). Ce déplacement s'est déjà produit lorsque vous commencez à mettre en place votre nouvelle matrice de soutien.

Bon nombre de jeunes mères se tournent vers une figure du passé — la candidate qui s'impose est de toute évidence leur mère, mais elle n'est pas automatiquement au centre de la matrice de soutien. Il peut s'agir d'une personne qui s'est occupée de vous dans votre enfance — votre grand-père, une sœur plus âgée, une tante ou tous ces gens à la fois. Il peut même s'agir de votre fantasme du parent idéal. Une mère s'est rendu compte avec surprise que son modèle n'était pas quelqu'un de sa famille, mais la mère d'une famille qu'elle avait connue enfant.

> Quand je me revois à trois ou quatre ans, c'est à nos voisins, les Dewild, que je pense. Ils avaient six enfants, c'était une famille heureuse et nous étions souvent fourrés chez eux. J'allais m'asseoir dans la cuisine de madame Dewild en sortant de l'école. Elle me traitait comme un de ses enfants, me donnait à manger, s'intéressait à ce que je racontais. Chez moi, ce n'était pas le cas. Ma mère travaillait et n'avait pas le temps de s'occuper de moi.
> Je ne sais pas comment faisait madame Dewild. Elle avait déjà ses enfants, mais elle avait toujours le temps de me faire un câlin, de me donner quelque chose à manger ou de m'écouter. J'aimerais bien lui ressembler.

Votre modèle de mère idéale peut être votre propre mère, une amie, un parent ou un mélange de plusieurs personnes. Qu'il soit mort ou vivant, présent ou absent, c'est forcément quelqu'un qui jouera un rôle déterminant dans votre parcours.

EN QUÊTE D'UNE MATRICE DE SOUTIEN

Malgré l'évolution du rôle des hommes et des femmes dans notre société, les débuts de la maternité restent avant tout une affaire de femmes. C'est un constat qu'il est important de faire lorsque l'on cherche à démêler les influences politiques, culturelles et individuelles qui s'exercent dans notre vie quotidienne.

En fait, les jeunes mères n'ont pas de mal à se constituer une matrice de soutien. C'est presque même automatique. Dans le cadre d'une étude menée à Boston il y a plusieurs années, nous avons demandé à de jeunes mères si elles voyaient régulièrement des gens après la naissance de leur bébé, si certaines personnes s'étaient installées chez elles pour les aider, qui venait les voir et à qui elles téléphonaient. La réponse la plus surprenante qui nous ait été faite concernait le nombre de contacts quotidiens qu'avaient ces mères avec des femmes plus expérimentées qu'elles. Chaque jeune mère avait en moyenne une dizaine de contacts par jour, environ un par heure, sous forme de visites ou de conversations téléphoniques.

Un des gros avantages de cette matrice, c'est que la mère reste rarement seule très longtemps. On a souvent suspecté que les femmes qui restaient isolées ou qui n'avaient pas de matrice de soutien risquaient davantage d'avoir des problèmes avec leur bébé et étaient plus facilement sujettes à la dépression. Pour la plupart des jeunes mères, le plus difficile est d'arriver à jongler entre les visites et les coups de téléphone pour trouver le temps de s'occuper du bébé et de se reposer. Cela dit, lorsque vous chercherez la solution qui vous convient le mieux, n'oubliez pas que les contacts réguliers avec d'autres femmes ne sont pas un luxe, mais une véritable nécessité.

Dans les premiers temps, c'est souvent votre mère qui passera le plus de temps avec vous, soit parce qu'elle dort chez vous pour vous aider à donner les biberons la nuit, soit parce qu'elle vient vous voir, soit parce qu'elle fait la cuisine ou répond au téléphone. Si vous avez la chance d'avoir une mère disponible, c'est probablement elle qui sera au centre de votre matrice de soutien.

Bien sûr, pour certaines jeunes femmes, le séjour de leur mère n'est pas sans poser problème. Comme l'explique Lucie, une jeune mère : « Ma mère a souhaité venir pendant une semaine. Plus, je n'aurais pas pu. Elle m'aide à faire le ménage et les courses. J'espère simplement que je supporterai les côtés négatifs et qu'on ne retombera pas dans nos vieux travers. » Malgré leurs inquiétudes, la plupart des jeunes mères ont de bons rapports avec leur mère pendant cette période-là. En fait, certaines trouvent même les rapports plus positifs, plus concrets et plus mûrs qu'avant.

La deuxième personne qui compte le plus après votre mère est votre belle-mère, bien que la qualité de la relation dépende en grande partie de la relation qu'elle a avec son fils. Viennent ensuite les sœurs, les tantes, à condition qu'elles aient une expérience de la maternité, les grand-mères maternelles, et enfin les femmes du côté paternel. Notons que les femmes qui composent la matrice de soutien appartiennent le plus souvent à la famille de la jeune mère : on a tendance à rester en famille en début de maternité.

Et les hommes dans tout ça ? Vous recevrez évidemment des visites ou des coups de téléphone de votre père ou de votre beau-père, mais en général, ils ne feront pas la démarche eux-mêmes. Même chose pour vos amis : les femmes se manifesteront avant les hommes. Parmi vos amies, ce sont celles qui sont déjà mères qui feront sans doute prioritairement partie de la matrice de soutien. En fait, les femmes ont tendance à se faire des amies qu'elles garderont longtemps à cette époque de leur vie. Des années plus tard, elles vous diront : « Voici mon amie, nous avons eu des enfants en même temps. »

Vos amis hommes appelleront ou viendront vous voir, mais le plus souvent, après vous avoir demandé des nouvelles du bébé, ils reviendront à des sujets qui les intéressent, comme leur travail. C'est un peu comme s'ils représentaient le monde extérieur et laissaient à la matrice féminine le soin de régler les détails intimes qui concernent le bébé.

LES SOUVENIRS D'ENFANCE : UNE RÉFLEXION SILENCIEUSE

Comme nous l'avons vu, la future mère commence à repenser aux figures maternelles de son enfance dès sa grossesse. Les femmes réalisent, souvent avec une certaine surprise, que leurs mères en sont passées par là. Cette prise de conscience va faire naître une certaine curiosité à l'égard du passé. Elle se prolongera bien au-delà de la naissance du bébé, souvent à un niveau inconscient, et se traduira par des rêves et des souvenirs soudains. À d'autres moments, par contre, c'est un processus tout à fait conscient qui va les amener à s'interroger sur les rapports qu'elles avaient avec leur mère quand elles étaient bébés. Certaines mères sont frappées de l'intensité avec laquelle resurgit leur passé. Pour d'autres, ce retour se fait plus en douceur.

Pourquoi le passé est-il ainsi réactivé ? C'est en partie parce que vous êtes à la recherche de modèles — vous vous demandez ce que vous devez ressentir et faire avec votre bébé. Comme dans d'autres situations nouvelles de votre vie, vous passez automatiquement en revue vos expériences passées pour trouver celle qui vous servira à surmonter la difficulté présente.

L'idée selon laquelle on utilise le passé pour comprendre le présent a été confirmée par de nombreuses découvertes sur le fonctionnement de la mémoire. Dans la théorie classique, la mémoire est décrite comme une bibliothèque personnelle dans laquelle chaque expérience est conservée comme un livre et classée sur une étagère selon une cote. Notre esprit irait chercher des souvenirs comme dans un fichier de bibliothèque, reproduisant l'expérience initiale avec une fidélité absolue.

Les théories récentes considèrent, au contraire, qu'il y a très peu de souvenirs complets, certainement pas l'équivalent d'un livre ni même d'un paragraphe entier. Les expériences seraient plutôt stockées sous forme de fragments dont aucun n'a en soi beaucoup de sens ni ne représente une expérience complète, et encore moins le souvenir « originel » dans sa totalité. Un souvenir serait ainsi une multitude de fragments répartis à l'intérieur du cerveau. Lorsque vous vous souvenez de quelque chose, vous choisissez différents fragments pour les organiser en souvenir. Mais cette construction ne correspond jamais à l'expérience initiale. En fait, chaque fois que vous vous souvenez de quelque chose, le choix et l'assemblage des fragments varient. Deux souvenirs d'un même événement initial ne sont jamais exactement les mêmes.

Qu'est-ce qui va déterminer la manière dont vous allez choisir ces fragments et les assembler ? Au moment où vous vous souvenez de quelque chose, vous vous trouvez dans une situation particulière, avec un état d'esprit et des sentiments particuliers. C'est ce contexte qui va déterminer la signification du souvenir et les détails que vous allez privilégier.

Admettons que vous soyez bloquée dans un embouteillage en allant à la plage un jour de canicule. Tout d'un coup, vous vous revoyez petite, avec votre famille, dans une voiture où vous ne pouviez pas toucher les sièges tellement ils étaient brûlants. Vous n'avez peut-être pas repensé à cette scène depuis des années. Le moment où resurgit le souvenir est un « contexte présent de remémoration ». Il détermine non seulement les fragments de souvenir que vous allez sélectionner, mais aussi la manière dont vous allez les assembler pour constituer un souvenir complet.

À chaque fois que l'on se souvient de quelque chose, comme de la voiture surchauffée de son enfance, l'expérience de remémoration est forcément unique dans la mesure où les circonstances où elle a lieu sont à chaque fois différentes. La prochaine fois que vous vous souviendrez de cette scène, vous serez peut-être chez vous en train de regarder la télévision et c'est une publicité qui déclenchera le souvenir. L'acte de remémoration se produit dans le présent et non dans le passé : nous nous souvenons pour mieux appréhender ce qui se passe maintenant. Aussi étrange que cela puisse paraître, nous utilisons le passé pour nous souvenir du présent.

Cette conception de la mémoire peut s'appliquer aux jeunes mères. Lorsque vous êtes avec votre bébé, vous êtes constamment exposée à de nouveaux « contextes de remémoration ». Ils surgissent lorsque vous serrez votre bébé contre vous et que vous sentez sa tête douce dans le creux de votre épaule, ou qu'il se met à gigoter et à pleurer sans que vous puissiez le consoler pendant que vous le changez. Chacun de ces moments, et ils sont nombreux dans une journée, constitue un nouveau contexte de remémoration qui va rechercher des fragments de souvenir et construire un souvenir signifiant dont vous pourrez vous servir.

Dans la mesure où le bébé représente pour vous le « contexte présent », vous irez inévitablement chercher les fragments qui conviennent à telle ou telle situation. En toute logique, vous aurez recours aux bribes de souvenir qui correspondent à votre expérience d'enfant materné. Sur quoi pouvez-vous vous appuyer d'autre ?

Ces remarques nous amènent à l'une des questions les plus sensibles que se posent les jeunes mères : « Vais-je être comme ma mère ? »

LES DIFFÉRENTS TYPES D'ATTACHEMENT

Des études récentes ont montré que le type d'attachement que vous établissez avec votre bébé dépend beaucoup de celui que vous avez eu avec votre mère. Le type d'attachement fait référence à la manière dont une mère et son bébé réagissent à la séparation et aux retrouvailles. Au moment où l'enfant aura un an et où il commencera à se déplacer, un type d'attachement particulier est déjà en place. À partir de ce moment-là, non seulement la mère mais l'enfant peuvent prendre la décision de partir ou de revenir.

Les séparations sont un des aspects les plus traumatisants et en même temps les plus courants de l'existence du bébé. Il les vivra d'autant plus mal qu'il est stressé, qu'il se trouve dans un endroit nouveau, qu'il est fatigué, malade, blessé, ou que la séparation a duré longtemps. La manière dont une mère et son bébé se comportent après une séparation en dit long sur leur type d'attachement. Ces comportements varient d'une culture à l'autre.

Dans notre culture, la mère et son bébé courent en général l'un vers l'autre dès qu'ils se voient. Le bébé tend les bras vers sa mère pour qu'elle le porte. La mère peut soit le prendre dans ses bras, soit s'accroupir et le serrer contre elle. Ils vont rester ainsi enlacés un moment. Cette étreinte est un comportement d'une importance vitale. Le geste d'entourer le corps de l'autre avec ses bras, poitrine contre poitrine, est la chose la plus rassurante que sachent faire les êtres humains et les grands singes. Bon nombre de bébés complètent cette étreinte en posant leur tête dans le creux de l'épaule de leur mère.

Une fois que la magie de l'étreinte a opéré, le bébé est prêt à repartir. En guise d'adieu, la mère peut ajouter une caresse sur la joue ou dans les cheveux, ou lui donner une petite tape dans le dos. Le bébé est maintenant rattaché psychologiquement à sa mère (il a rechargé ses batteries) et peut s'en séparer à nouveau et retourner jouer. Ces retrouvailles qui n'ont duré que quelques secondes permettent de rattacher les deux partenaires et de réparer les effets de la séparation. On appelle ce type de comportement l'attachement « sûr ».

Il existe aussi deux types d'attachement « anxieux » dans notre culture. Dans le premier, la mère et son bébé ont l'air de s'éviter au moment des retrouvailles, comme si l'événement n'avait pas lieu, comme si personne n'était revenu ou que personne n'était parti. Dans ce type d'attachement évitant, le bébé donne l'impression de ne rien faire lorsque sa mère revient. La mère et son bébé ne vont pas l'un vers l'autre, ils ne s'étreignent pas. Tout se passe comme si le bébé niait l'importance de la situation. En effet, la plupart des mères qui présentent ce type de comportement rejetteraient le bébé ou réagiraient de façon négative si celui-ci se montrait trop démonstratif. Le bébé le sait et, en évitant toute réaction vis-à-vis de sa mère, il la garde en fait plus près de lui. Même si ces bébés n'ont pas l'air de réagir au retour de leur mère, ils sont en fait tout à fait conscients de sa présence et présentent de nombreux signes d'inquiétude intérieure.

Le deuxième type d'attachement anxieux fonctionne à l'inverse. L'enfant est ambivalent : d'un côté, il semble rechercher fortement l'attachement et de l'autre, il refuse que sa mère l'approche. Cela se traduit par des comportement excessifs. Les retrouvailles durent plus longtemps et sont plus intenses. La mère est obligée d'être plus démonstrative, comme si l'enfant lui demandait de lui donner de plus grandes preuves de son attachement.

Si ces types d'attachement ont autant d'importance, c'est qu'ils nous permettent de prévoir comment l'enfant s'adaptera dans les années à venir. Ils nous indiquent assez précisément comment il se comportera avec ses pairs et avec ses maîtres lorsqu'il ira à l'école maternelle et primaire, au collège puis au lycée.

L'attachement n'est sûrement pas le seul type de comportement qui se transmet d'une génération à l'autre, mais il a sans doute été le plus étudié. Vous aurez sûrement tendance à reproduire les types d'attachement que vous avez appris dans votre enfance. On parle alors de « transmission intergénérationnelle » d'un type de comportement.

Nous supposons qu'un grand nombre de comportements se transmettent d'une génération à l'autre, par exemple : montrer son amour, ne pas être d'accord, se disputer, être en colère, appréhender la différence, tolérer divers comportements, partager ou non ses émotions, être curieux et chercher à connaître le monde, réagir aux changements, aux informations ou aux idées nouvelles, être honnête ou loyal, etc.

Ce qui influence la transmission d'un comportement d'une génération à l'autre peut également conduire à un rejet de ce même comportement. On dit alors qu'un comportement « saute » une génération. Si par exemple, les grands-parents avaient tendance à être sévères, les parents seront plus permissifs et leurs enfants seront, à leur tour, plus sévères quand ils auront des enfants. La transmission des comportements est également souvent liée au sexe de l'enfant, les fils étant élevés comme leur père et les filles comme leur mère.

La transmission intergénérationnelle fait partie du domaine de la sagesse populaire, ce qui ne l'empêche pas de véhiculer une grande charge affective. Pourtant, quand on aborde ce point précis du maternage — materne-t-on comme on a soi-même été materné ? —, on se rend compte que les forces intergénérationnelles jouent un grand rôle et influencent la jeune mère qui entame une relation avec son bébé.

COMMENT ÉCHAPPER À L'EMPRISE DU PASSÉ

Vous n'êtes heureusement pas destinée à reproduire les types de maternage que vous avez connus. Plus vous arriverez à comprendre et à accepter votre relation avec votre mère, moins vous aurez tendance à la reproduire bêtement. Il vous faudra faire preuve d'une grande capacité d'auto-analyse pour arriver à une compréhension objective et adulte de cette relation.

Il n'est pas nécessaire que la relation change, il faut plutôt qu'elle soit comprise différemment. Une femme qui est capable de reconstruire l'histoire de sa relation avec sa mère arrivera à se libérer de son passé. Carole en est un bon exemple.

> J'ai eu la plus mauvaise mère de tout l'hémisphère Nord. D'abord, elle ne voulait pas de moi. Elle me négligeait et lorsqu'elle se mettait en colère, il arrivait qu'elle me donne des gifles. Pendant toute une période, elle n'était tout simplement pas disponible. Quand elle rentrait à la maison, j'avais l'impression qu'elle ne me voyait même pas. Lorsque je l'approchais, elle s'énervait.

Carole a de toute évidence eu une relation pauvre avec sa mère et un attachement de type anxieux. On aurait pu croire qu'elle reproduirait ce type d'attachement avec son propre bébé.

Mon histoire peut vous paraître horrible, poursuit la jeune femme, mais il y avait aussi de bons moments. Je crois que c'était très dur pour ma mère quand j'étais petite. Son mariage était déjà fragile quand elle est tombée enceinte. Et juste après ma naissance, mon père est allé en prison. Ma mère s'est retrouvée toute seule, sans famille auprès d'elle. Je sais qu'elle se sentait complètement dépassée et qu'elle avait tendance à se replier sur elle-même ou à se mettre en colère. C'est dans ces moments-là qu'elle me frappait.

Mais il y avait aussi des moments paisibles et heureux. Ma mère avait une très belle voix, elle me chantait des chansons et on dansait toutes les deux. J'attendais toujours ce moment avec impatience. Quand j'avais environ deux ans, mon père est sorti de prison et ça a été l'enfer. Ma mère s'est mise à boire, elle était encore plus déprimée et inaccessible. Parfois, elle faisait un effort. On partait toutes les deux pour l'après-midi et on s'amusait bien. Mais c'était rare. Ma mère n'est pas quelqu'un de très fort. Elle avait du mal à surmonter ses problèmes, ce qui est toujours le cas aujourd'hui. Et moi, j'étais une gamine très active qui demandait beaucoup d'attention, enfin je crois. Je pense qu'elle aurait eu moins de mal si j'avais été plus calme. Mais j'étais comme ça, et elle était comme ça. On faisait chacune de notre mieux.

Carole a fait un gros travail sur elle-même pour essayer de comprendre ce qui s'était passé et pourquoi sa relation à sa mère était si négative. Elle est arrivée à avoir une image assez juste de sa mère, ce qui lui a permis de rompre avec le type de comportement familial. En fait, Carole a réussi à établir un type d'attachement sûr avec sa fille.

De même qu'il existe des types d'attachement mère-enfant, il existe des types d'attachement entre la femme adulte et sa propre mère. Ils ressemblent à bien des égards à ceux que nous avons décrits entre une mère et son bébé. Certaines femmes nient ou rejettent l'importance de leur passé ou de leur relation avec leur mère. Elles ont tendance à ne pas y penser et considèrent que cela n'aura aucune incidence sur leurs relations avec leurs enfants. Elles voient peu leurs mères et ne s'attendent pas à ce que celles-ci s'investissent dans leur rôle de grand-mère.

Ce type d'attachement ressemble au type d'attachement anxieux/évitant dont nous avons parlé plus haut à propos du maternage. Dans le type d'attachement évitant, les mères se distancient de leur propre expérience d'enfant materné. Le problème de ce type d'attachement, c'est que si l'on maintient une trop grande distance affective par rapport à son passé d'enfant, on a du mal à faire le travail d'analyse que Carole a pu effectuer et on a tendance à répéter les types de comportements familiaux.

Autre type d'attachement anxieux, celui où les vies de la mère et de la fille sont tellement enchevêtrées qu'on ne sait plus qui est qui. Le problème de ce type d'attachement que nous avons appelé « emmêlé », c'est que la fille a du mal à prendre ses distances et à envisager la relation objectivement. En fait, dans ce type d'attachement, il est difficile de ne pas reproduire les schémas du passé.

De toute évidence, la façon dont vous serez mère ne sera pas simplement dictée par ce qui vous est arrivé. Elle sera influencée par le travail que vous aurez accompli pour comprendre votre passé. Le fait de revisiter votre passé pour vous construire une histoire cohérente aura parfois plus d'importance que de savoir si ce qui vous est arrivé était bien ou mal.

LA MODIFICATION DES TRIANGLES

Comme nous l'avons vu, le triangle mère-père-enfant de votre jeunesse a été supplanté à la naissance de votre bébé par un nouveau triangle dans lequel vous tenez le rôle de mère. Avec l'émergence de la maternité se forme un troisième triangle qui va dominer votre vie affective pendant un moment. Il s'agit du triangle mère-enfant-grand-mère.

En termes de tâches et d'organisation, c'est le triangle mère-père-bébé qui demande le plus de temps, d'attention et d'efforts. C'est aussi le triangle que le monde extérieur perçoit et auquel vous êtes identifiée. Pourtant, par en dessous, il existe l'autre triangle, mère-bébé-mère de la mère. Les jeunes mères s'étonnent de l'emprise de ce triangle sur leur vie psychique. Vous allez devoir en tenir compte pour vous libérer et poursuivre vos nouvelles occupations. Les théories psychologiques parlent assez peu de ce triangle.

Pendant cette période, votre mari est la personne qui compte le plus pour vous, en dehors du bébé. Et pourtant, lorsque les conditions sont « suffisamment bonnes », la relation n'a pas besoin d'être réévaluée. Vous allez peut-être devoir faire des ajustements importants, mais la collaboration avec votre mari reste acquise, elle va même d'une certaine manière de soi. Ce n'est pas le cas de votre relation avec votre mère. Avec elle, vous allez devoir repenser la relation passée et présente, souvent à un degré que vous n'auriez jamais imaginé auparavant. C'est pourquoi nous disons que le triangle mère-bébé mère de la mère est le laboratoire secret où la jeune mère va puiser une bonne partie de son énergie psychique.

À mesure que vous avancerez dans la maternité,

vous vous trouverez très certainement au cœur d'une matrice de soutien composée de membres de votre famille, d'anciennes et de nouvelles amies. Ces femmes, qui ont toutes une expérience de la maternité, pourront vous aider, vous conseiller et vous assurer que vous vous débrouillez bien. De tous les gens qui composent cette matrice, personne n'aura plus d'influence que votre mère. Qu'elle soit bonne ou mauvaise, cette relation vous demandera du temps, elle supposera que vous y fassiez attention et surtout que vous y réfléchissiez.

CHAPITRE 7

Le récit d'une mère

Dans ce chapitre, une mère nous fait part de l'évolution de ses réflexions au cours de la première année de vie de son fils. Les préoccupations engendrées par son statut de mère associées à son histoire personnelle, ses espoirs, ses peurs et la culture à laquelle elle appartient, tout se mêle pour donner naissance à sa nouvelle identité. Avec une grande sincérité, elle nous invite à découvrir son univers intérieur au détours des gestes et des événements quotidiens de la maternité. Cette mère aborde toutes les grandes responsabilités dont nous avons parlé : la survie, l'amour, le besoin de reconnaissance. Son témoignage est particulièrement éloquent dans la mesure où c'est une personne normale qui parle et qui plus est, une bonne mère. Mais pour unique qu'il soit, ce témoignage est aussi parfaitement ordinaire.

Ce récit d'une grande franchise vous aidera peut-être à vous sentir plus à l'aise face aux inquiétudes, aux peurs et aux espoirs que toute jeune mère éprouve immanquablement. À mesure que ces préoccupations vous seront plus familières, il vous sera plus facile d'y penser, de les partager et d'y faire face.

Lorsque mon fils Nicolas est né après dix-huit heures de travail atrocement douloureux, le sommet de son crâne appuyant sur mon coccyx à chaque contraction, la sage-femme a commencé par dire : « Je ne le trouve pas très tonique. » L'obstétricien, qui avait tout essayé y compris de le prendre par les pieds et de lui donner de grandes claques dans le dos, n'arrivait pas à le faire crier. « Vous n'avez pas pris de Demerol[1] au moins ? m'a demandé la sage-femme qui s'était contentée d'arriver au moment de l'expulsion. On dirait un bébé au Demerol. » Comme si ça ne suffisait pas, notre fils avait une énorme bosse noire et bleue sur un côté du crâne. Mon mari Michael et moi, nous redoutions que notre pire crainte ne soit réalisée — que notre enfant ait une malformation cérébrale.

Ces craintes étaient heureusement infondées. Après avoir échoué à lui donner le sein — « Vous pouvez toujours essayer, m'a dit la sage-femme, mais je ne pense pas que ça marchera » — j'ai vu Michael suivre notre bébé groggy jusque dans la salle de soins. Il a poussé un vigoureux cri de protestation en réaction contre son bain, signe que tout allait bien. Notre pédiatre a prescrit une échographie crânienne davantage pour apaiser nos craintes que les siennes. « Au cas où à trois ans, il n'arriverait pas à enfiler son tee-shirt tout seul... », nous a-t-il dit. Au service de radiologie, nous avons vu son cerveau, parfaitement formé, à travers la bosse qui lui déformait le crâne.

« C'est un futur Einstein », a lancé le radiologue. Michael et moi avons poussé un soupir de soulagement, mais je me suis sentie terriblement coupable de l'avoir rejeté pendant ces millièmes de secondes qui ont suivi l'accouchement et qui m'ont paru des heures. Je m'étais détachée de lui pour essayer de me préparer au pire, comme si je pouvais me protéger de ce terrible amour.

Maintenant que le premier anniversaire de Nicolas approche, je vois combien cette peur qu'il soit anormal et la réaction de repli que cette peur a engendrée font

1. Analgésique et sédatif assez puissant prescrit aux États-Unis et fortement déconseillé aux femmes enceintes *(N.d.T.)*.

partie d'un cycle qui ne m'est que trop familier. C'est cette même panique qui revient quand je me dis que je ne serai pas capable de m'attacher à lui et que je finirai par le perdre un jour.

Ces craintes ne datent évidemment pas de la naissance de Nicolas ni même de sa conception. Peu après la séparation de mes parents — j'avais huit ans — ma mère m'a fait lire un livre sur le divorce. Il comportait un chapitre intitulé « Le monstre à un œil » et je me souviens l'avoir lu immédiatement. Les auteurs, me disais-je, avaient sûrement compris que depuis le divorce de mes parents, j'avais peur la nuit. Ils allaient me dire quelque chose de rassurant, quelque chose qui m'aiderait à m'endormir quand je m'imaginais que les écureuils que j'entendais courir sur le toit étaient en fait un assassin qui venait régler son compte à ce qui restait de ma famille. Mais ce que les auteurs voulaient dire, c'est que l'enfant d'un couple divorcé est comme un monstre à un œil (entendez : un seul parent à la maison) et qui a peur de perdre son dernier œil et de devenir aveugle (entendez : sans parent). Ils avaient tout à fait raison : le divorce de mes parents avait engendré un monstre nommé « perte ». Je n'avais pas seulement perdu ma famille telle que je la connaissais, mais j'avais aussi perdu le sentiment de ma valeur et de ma légitimité, le sentiment d'être aimable et capable d'amour.

Le divorce avait beau être courant à la fin des années soixante, celui de mes parents m'a fait l'effet d'une mort soudaine — mort d'un foyer, mort du bonheur, mort de l'amour. « Papa et Maman vous aiment tous les deux beaucoup, nous avait dit ma mère à mon frère et à moi, mais Papa n'aime plus Maman. » À ces mots, nous avions éclaté en sanglots parce que nous savions ce qu'était l'amour. C'était le fondement de notre maison et de notre existence, et nous ne pouvions pas vivre sans lui.

Dans un autre chapitre, le livre sur le monstre à un œil expliquait que le divorce de mes parents n'était pas ma faute. Je n'avais jamais pensé que ça pouvait être ma faute. Mais ce qui avait tué l'amour de mes parents avait frappé en silence, sans prévenir. J'en avais déduit que s'il pouvait s'attaquer à eux, il pouvait s'attaquer à moi. Personne n'était à l'abri.

Vingt-six ans plus tard, ce message est encore gravé en moi. Ça et le sentiment que parce que ça m'est arrivé, parce que ma famille a implosé quand j'avais huit ans, je ne mérite pas d'avoir une famille heureuse. Comme mère, je ne suis pas digne d'une telle largesse. Je ne pense pas que le divorce de mes parents était ma faute, mais je me dis qu'à un certain niveau, c'était mon destin.

Plus tard, le monstre est revenu à la charge sous forme d'angoisses : angoisse de ne pas me marier, angoisse de ne pas devenir enceinte, angoisse de faire une fausse couche, angoisse que mon bébé naisse avec une horrible maladie. Quelque part, je me disais qu'une fille de divorcés, un enfant du malheur familial, ne méritait pas un bonheur pareil — elle ne méritait pas de trouver l'homme de sa vie et de serrer son bébé dans ses bras, avec sa petite tête nichée dans le creux de l'épaule.

Quand j'étais enceinte, je ne me permettais pas de m'imaginer tenant le bébé — là encore, comme si je pouvais me protéger des ravages que j'éprouverais s'il lui arrivait malheur. Le seul plaisir que je m'octroyais, c'était de m'imaginer lui mettre différents chapeaux : une petite casquette, un petit bonnet marocain, un chapeau à trois cornes offert par mes collègues de bureau.

Je n'achetais rien pour le bébé non plus. Je devais accoucher début septembre, mais quand le mois d'août est arrivé, ni Michael ni moi n'avions encore acheté un seul habit de bébé. Les cadeaux qu'on nous envoyait — des petits mocassins blancs avec des perles, un hochet en forme de lapin, une arche de Noé en peluche avec de minuscules couples de vaches, de zèbres, de lions et d'alligators —, je les entassais sur une étagère du placard à linge, osant à peine les regarder.

Peut-être parce que je ne m'étais pas imaginée tenir mon bébé dans les bras, j'ai été totalement prise au dépourvu par l'amour que j'ai ressenti pour Nicolas. Alors qu'il était couché sur ma poitrine, sa petite tête nichée au creux de mon épaule, cet amour s'est abattu sur moi avec la force d'un ouragan. Et avec ce terrible amour, une angoisse nauséeuse. Je me souviens qu'une amie écrivain avec quatorze romans à son actif m'avait raconté qu'elle n'avait pas écrit une ligne avant d'avoir des enfants, qu'avant de les avoir, elle était pour ainsi dire vierge. « Ils vous prennent en otage », m'avait-elle dit, et je n'avais pas compris ce qu'elle voulait dire jusqu'à ce que je sente mon bébé sur ma poitrine, sa respiration si décidée, son air si concentré pendant son sommeil, ses mains battant l'air parce que, m'avait dit l'infirmière, il avait peur de tomber.

Quand je suis rentrée de la maternité, je n'ai pratiquement pas quitté la maison pendant un mois. J'invoquais le manque de sommeil et le fait que j'avais eu un accouchement épuisant, mais je crois que c'était surtout parce que j'étais ivre d'amour et que je ne voulais surtout pas briser la bulle magique qui nous protégeait. En même temps, j'étais ravagée par cet amour et par la certitude que je ne serais plus jamais à l'abri.

Une autre amie, que j'ai suppliée de me raconter comment elle avait vécu le fait d'avoir un enfant, m'a dit que pour elle, c'était un peu comme une opération à cœur ouvert. Les gens qui viennent d'être opérés sont souvent victimes de dépression le troisième jour, dépression qu'on attribue au manque de sommeil. Mais c'est plus une réaction à la « circulation extracorporelle », au fait que l'on a fait circuler le sang à l'extérieur du corps. Les gens qui ont subi une opération à cœur ouvert mettent parfois plusieurs mois à s'en remettre. Les mères ne s'en remettent jamais.

Pendant les premiers jours qui ont suivi l'arrivée de Nicolas à la maison, je souffrais quand mes beaux-parents le prenaient dans leurs bras. C'était moins la peur, irrationnelle, qu'ils le laissent tomber ou qu'ils lui fassent mal que le sentiment que *je* devais le tenir, qu'il devait être avec *moi*. Je n'étais rassurée que lorsqu'il était à nouveau dans mes bras, là où il devait être. Quand je regardais notre chien, notre gentille Lulu, qui jusqu'à la naissance de Nicolas était notre gros bébé, je ne voyais qu'un carnivore assoiffé de sang. J'étais terrorisée que sous l'effet d'un élan atavique, elle attrape Nicolas dans son berceau, lui rompe le cou et n'en fasse qu'une bouchée.

Quand des amis passaient à l'improviste avec leur enfant de deux ans, je faisais de mon mieux pour rester polie, mais ce petit qui m'avait toujours paru adorable me faisait l'effet d'un énorme monstre, qui me ramenait tous les microbes de la crèche. Qu'est-ce qui leur prenait de l'amener dans la même pièce que mon nouveau-né pur et vulnérable ? La première fois que nous sommes sortis avec le bébé, Michael et moi, j'ai été choquée par ma réaction devant les gens du parc que nous connaissions et qui s'approchaient de la poussette. « Arrière ! » avais-je envie de leur crier.

Soudain, je percevais tout avec les yeux d'une mère. Je ne supportais pas les mauvaises nouvelles, et encore moins les nouvelles à la télé. L'annonce d'une mort signifiait la douleur d'une mère ; un accident d'avion multipliait cette douleur à l'infini. J'avais l'impression de faire partie d'un club secret avec ses joies et ses terreurs, mais en même temps, je voyais bien que personne n'osait parler des terreurs.

« Je ne m'attendais pas à l'aimer autant », ai-je dit, en quête de communion, à une réunion de mères, ma première vraie sortie, alors que Nicolas avait un peu plus d'un mois. Nous parlions chacune notre tour, racontant ce qui nous avait le plus surprises. « Je ne pensais pas que je pourrais l'aimer plus que mon chien », ajoutai-je, essayant d'égayer un peu la discussion, consciente que ma déclaration était accueillie par un silence embarrassé. Mais ce que j'avais vraiment envie de dire, c'était : « Vous ne vous sentez pas terrorisées ? Vous n'avez pas peur qu'il lui arrive quelque chose maintenant ? Quand il aura huit ans, quinze ans, trente ans ? Que feriez-vous alors ? Allez-vous supporter de le quitter des yeux ? Comment oser le confier à une baby-sitter qui, pendant une seconde d'inattention, risque de le laisser passer par la fenêtre ? L'emmener à la crèche alors que le bâtiment pourrait exploser ? Le laisser prendre le car scolaire alors qu'il pourrait s'écraser au fond d'un fossé ou être percuté par un train express ? Le laisser aller à une soirée, alors qu'il risque d'être ramené par un conducteur éméché ? »

Mais ce dont les mères du groupe avaient envie de parler, c'était du manque de sommeil, de la difficulté de se déplacer en ville avec une poussette ou du problème de la reprise du travail.

Cela dit, plus tard, une des animatrices du groupe est venue me voir et m'a dit qu'elle avait été émue par mon témoignage. Elle m'a parlé du roman d'Anne Tyler *Le Déjeuner de la nostalgie*, dans lequel un personnage tente d'apaiser ses craintes en ayant un autre enfant et découvre bien entendu qu'elles se sont multipliées par deux. J'avais enfin la preuve que ce que je ressentais était normal. Une fois qu'on est mère, il n'y a plus moyen d'y échapper.

Je nous ai religieusement inscrits, mon mari et moi, à un cours de secourisme, en pensant que cette formation nous donnerait une certaine assurance. Eh bien, pas du tout ! C'était la première fois que nous laissions Nicolas, qui avait six semaines, à une baby-sitter. Nous étions complètement angoissés d'être loin de lui et de l'imaginer gisant sans connaissance, les jambes écartées comme ces petits mannequins en plastique argentés que nous essayions de ranimer. Quand la secouriste nous a raconté que deux de ses amies avaient « perdu » leur bébé, l'une parce qu'elle avait plongé la main dans la gorge de son enfant qui s'étouffait, lui enfonçant l'objet au fond de la trachée (ne plongez *jamais* la main dans la gorge de votre bébé), l'autre parce que son bébé s'était étranglé avec le fil du téléphone (ne laissez *jamais* votre bébé seul à côté d'un téléphone), j'ai failli me trouver mal.

Je sais que chaque mère a son lot d'angoisses et que chacune les gère comme elle peut. Une de mes amies appelle le pédiatre plus souvent que le traiteur chinois ; une femme dans mon groupe de mères compare de manière obsessionnelle les progrès de son bébé à ceux des autres, en se disant que tant que son fils sera à la hauteur, tout ira bien. Une autre de mes amies est une maniaque de la propreté, comme si en protégeant son bébé des microbes, elle pouvait le protéger des vicissitudes de la vie. Je suis relativement détendue comparée à pas mal de mes amies. « Décontract » et « cool » sont les deux adjectifs qu'on utilise pour qualifier mon style maternel.

C'est pendant une promenade avec Nicolas et Michael que je me suis rendu compte à quel point mes angoisses me gâchaient la vie et m'empêchaient d'être heureuse. En voyant un petit garçon de huit ou neuf ans passé sur un beau vélo rouge, Michael s'est penché sur la poussette et a dit à Nicolas : « Plus tard, tu seras comme lui. » Et au lieu de m'imaginer Nicolas à huit ans sur son beau vélo rouge d'anniversaire, j'ai pensé à quel point mon mari serait effondré si son fils n'avait pas la chance de grandir.

Je ne sais pas si j'ai plus peur de perdre mon fils que la moyenne des mères, mais je sais que ça me pèse et que ça affectera nécessairement Nicolas. Quand je suis prise d'angoisse, j'essaie de savoir si c'est la peur d'être déconnectée, de ne pas arriver à le consoler, de le voir ramper n'importe où, ou encore la peur de la maladie, de la violence, etc. La seule chose que mes innombrables angoisses ont en commun, c'est de mettre en péril le sentiment d'attachement que j'éprouve pour mon bébé. Elles m'arrachent à mon petit univers à deux et me transforment en spectatrice terrifiée. Non seulement elles me volent mon présent avec mon fils, mais elles lui enlèvent quelque chose à lui aussi — le droit à un avenir sans tache.

Aujourd'hui, à la veille de son premier anniversaire, je me sens non seulement coupable de ce mouvement de recul que j'ai eu en salle d'accouchement, comme si je devais décider si j'allais le garder ou non, mais je me sens coupable de toutes les fois où je me suis fermée à lui. Je m'aperçois que pour être vraiment là avec lui, il faut que je travaille activement. Ça ne me vient pas naturellement et ces derniers temps, ça a été particulièrement éprouvant. Mon fils m'accapare beaucoup en ce moment : il est toujours à ramper quelque part où il ne devrait pas, il a besoin d'être stimulé d'une manière à laquelle je ne suis pas habituée. Ça m'épuise. Du coup, j'ai institué le « mon tour, ton tour » pour essayer de m'en éloigner. Ce besoin vient en partie de ce que je me dis qu'il faut que je sois tout entière présente, que je le stimule en permanence et que j'y prenne plaisir. Je suis toujours en train de compenser un manque imaginaire. Ma présence ne suffit pas : je dois être une supermaman.

Quand j'avais deux ans et que mon frère était à la maternelle, je suis sûre que ma mère se sentait isolée et qu'elle s'ennuyait un peu. Comme elle voulait poursuivre ses études, elle s'était inscrite en maîtrise. Une de mes tantes m'a raconté que quand nous étions petits, ma mère s'asseyait dans un fauteuil avec un livre pendant que nous jouions à ses pieds. De temps en temps, elle nous jetait un coup d'œil. Quand j'ai entendu cette histoire, j'ai eu le sentiment qu'elle nous avait négligés, ce que voulait dire ma tante. Maintenant que je cours après la moindre minute de liberté, ça me paraît le seul moyen de garder la raison. Mais il n'empêche que j'ai intériorisé le message et que j'ai toujours peur de ne pas être une femme au foyer comme mes tantes, mais d'être davantage comme ma mère, toujours tiraillée par des conflits.

« Quand vous faites rouler un ballon vers lui, est-ce qu'il vous le renvoie ? », m'a demandé le pédiatre la semaine dernière lors de la visite de routine et j'ai été obligée d'avouer que je ne joue pas au ballon avec mon fils. Ma cousine a appris à son bébé à taper dans ses mains et à jeter ce qu'il trouvait par terre plutôt que de le mettre dans sa bouche. Une autre de mes cousines sait exactement où Nicolas craint les chatouilles et elle le fait rire d'un rire que je n'ai jamais entendu auparavant et que je n'ai évidemment jamais réussi à provoquer. Lorsque mon amie dit à son bébé de dix-neuf mois : « Donne un baiser à Maman », il obéit joyeusement, se penche vers elle et prend son nez dans sa bouche. Cette même amie tend un jouet à mon fils, qui s'arrête instantanément de pleurer, alors que je balance en vain son siège en disant d'une voix plaintive : « Bébé, bébé... » Tout cela me donne l'impression d'être une mauvaise mère, de ne pas avoir ce don inné que les autres femmes ont eu à la naissance, ce savoir secret qui fait qu'on sait *être avec* son bébé. Au lieu de jouer au ballon, de demander un baiser, ou d'apprendre à mon fils à battre des mains, je me dis qu'il existe une formule magique que j'ignore.

J'oublie que Nicolas et moi avons nos petits jeux et nos petits rituels, que nous dansons la polka à travers la maison, que nous jouons à « coucou, c'est moi ! » et au monstre qui fait des bisous, que j'invente des nouvelles paroles à « Frère Jacques » rien que pour lui. J'oublie que quand je l'endors le soir, ma main tenant son pied pendant qu'il me caresse doucement la joue, je suis entièrement avec lui.

Alors, quand je me replie dans ma coquille, terrorisée que l'on me prenne ma famille, je pense à Nicolas, à ses compétences, à sa vitalité, à la générosité de son amour. Lui qui incarne la vie et le contact, il me les apprend. S'il existe une formule magique pour être une bonne mère, c'est de laisser son enfant s'épanouir et d'être là à ses côtés.

Nicolas s'est mis debout tout seul pour la première fois aujourd'hui. Alors que je le regarde en applaudissant frénétiquement, je suis envahie de cette joie et de cette tristesse si caractéristiques de la maternité. Voilà presque un an que je suis mère et j'ai appris à savourer ce drôle de mélange. Parce qu'en applaudissant, le visage inondé de larmes, je me rends compte que ces applaudissements et ces larmes sont à la mesure de mon amour.

CHAPITRE 8

Le journal de Joey et de sa mère

Examinons la maternité en action dans ses plus petits détails, comme au microscope. Nous avons jusqu'ici présenté des témoignages de mères racontés après coup et brossés à grands traits. Ce récit se propose au contraire de présenter l'expérience de la maternité telle qu'elle est vécue, seconde par seconde, dans l'instant présent. En fait, l'échange entre le bébé et sa mère que je m'apprête à décrire couvre environ trois minutes sur les quelque neuf mille heures d'existence qu'a vécues un bébé d'un an.

À partir de ces trois minutes, je voudrais montrer comment les expériences subjectives de la mère et du bébé s'imbriquent et s'influencent l'une l'autre. Cette influence réciproque se manifeste dans les petits gestes de la vie quotidienne qui constituent notre vie sociale. Pour étayer ma démonstration, j'ai repris une histoire que j'avais développée dans un livre intitulé *Journal d'un bébé*, le journal imaginaire d'un nourrisson prénommé Joey. Ce livre est en un sens inséparable du présent ouvrage : il décrit l'univers intérieur du bébé materné alors que celui-ci décrit l'univers intérieur de la mère maternante. J'ai repris des passages du chapitre 5 du *Journal d'un bébé* qui racontent l'expérience de Joey à quatre mois et demi alors qu'il joue face à face avec sa mère. Je voudrais à présent ajouter l'expérience de la mère pour faire apparaître l'interpénétration des deux univers.

Avant de commencer, je tiens à expliquer comment j'ai doté Joey d'un langage qui lui permette de raconter son histoire parallèlement à celle de sa mère. Imaginez que rien de ce que vous voyez, touchez ou entendez n'ait de nom. Voilà comment Joey perçoit le monde. Il fait principalement l'expérience des objets et des événements à travers les sensations que ceux-ci font naître en lui. Il ne perçoit pas les objets comme des entités séparées, pas plus qu'il ne perçoit leur fonction ou le nom qu'ils portent. Ses expériences se limitent à l'action qu'il a sur eux et à l'effet qu'ils ont sur lui.

Les recherches ont montré que lorsque ses parents l'appellent « mon cœur », Joey n'a pas conscience que ce mot se rapporte à lui. Il ne fait pas vraiment la différence entre un son, une caresse et une lumière. Mais il fait très attention à la manière dont ce son glisse sur lui. Il sent sa caresse qui l'effleure, douce et légère, ou il sent sa friction, turbulente, qui le réveille et le rend plus attentif. Chaque expérience est vécue ainsi, avec sa sensation propre.

Joey va organiser le tourbillon des événements qui l'entourent en unités qui sont dominées par des sentiments. Ces sentiments sont un amalgame d'affects, de pensées, de sensations et de perceptions. Pour désigner cet amalgame, j'utiliserai le terme « penser/sentir ». Je dirai que Joey « pense/sent » telle ou telle chose. Ce que Joey éprouve n'est sans doute pas très différent de ce que nous adultes éprouvons, sauf que nous faisons moins attention à ces unités fondamentales de l'expérience. Nous sommes en grande partie distraits par les mots et le sens que nous attachons aux événements, si bien que notre sentiment d'exister ne se focalise pas sur les mêmes choses que Joey. Nous nous approchons de son expérience lorsque nous écoutons de la musique, que nous regardons de l'art abstrait, que nous dansons ou que nous vivons tout autre moment singulier de l'existence.

Pour donner une voix à Joey, j'ai dû emprunter au vocabulaire des sons, des images, du temps, de l'espace et du mouvement — à tout ce qui pouvait m'aider à mieux capturer l'essence de son expérience non verbale.

J'espère que cette mini-incursion vous aidera à réfléchir à votre propre manière d'être mère et à exprimer qui vous êtes et qui vous voulez être.

Il est neuf heures du matin. Joey est couché sur les genoux de sa mère, la tête dans la paume de ses mains qui sont posées sur ses genoux. Il est face à elle, prêt à jouer. C'est leur heure et leur position habituelles lorsqu'ils jouent ensemble face à face. Joey est le premier enfant de Claire.

Claire vient de recevoir deux coups de téléphone, l'un de sa sœur, l'autre de sa mère. Elle regarde Joey, mais sans vraiment le voir. Elle pense à sa mère et à sa sœur. Ces deux coups de téléphone l'ont replongée dans les vieilles histoires familiales. Sa sœur cadette, Nicole, est une jolie femme, mais c'est aussi une personne difficile et irresponsable. Elle prend des risques et s'attire des ennuis, ce qui inquiète sa mère à qui elle raconte tout. Dans les moments de crise, celle-ci se tourne désespérément vers Claire en quête de conseils et de réconfort. En général, Claire joue les modérateurs et calme le jeu. Aujourd'hui encore, c'est ce qu'elle a fait.

Face à Joey, le regardant sans le voir, elle pense :

À chaque fois, c'est la même chose. Je ne peux pas vivre ma vie sans en être arrachée. Nicole devrait arrêter ou au moins ne pas parler de ses problèmes, et Maman devrait l'ignorer ou cesser de se mettre dans un état pareil. Bon d'accord, Nicole a quitté son travail, elle s'est remise avec Léo (cet imbécile) et s'est coincé le doigt dans la portière de sa voiture. Mais ce n'est pas la fin du monde. Ce n'est que le dix-septième épisode de la même série. Pourquoi est-ce que Maman ne s'en rend pas compte ? Et pourquoi est-ce que je me laisse attendrir par ses réactions et que je dois toujours amortir le choc ?
Je ne supporte plus de me faire utiliser comme ça. Elles sont tellement occupées à se faire tourner en bourrique qu'elles ne me voient même plus. Je n'ai aucune réalité. Je ne suis qu'une fonction, une intermédiaire. J'aplanis les obstacles.

À mesure qu'elle réfléchit, son visage devient plus lisse et plus triste. Elle est face à Joey, mais elle ne le voit pas. Elle ne bouge pas. Normalement, ils auraient déjà dû commencer à jouer, mais pas ce matin. Il scrute son visage. Il pense/sent :

J'entre dans le monde de son visage. Son visage et ses traits sont le ciel, les nuages et l'eau. Sa vitalité et son entrain sont l'air et la lumière. D'habitude, la lumière et l'air se déchaînent en un jeu turbulent. Mais cette fois-ci lorsque j'entre, le monde est immobile et morne. Ni les lignes courbes de son visage ni ses volumes arrondis ne bougent. Où est-elle ? Où est-elle partie ? J'ai peur. Je sens cette morosité s'insinuer en moi. Je cherche alentour un point de vie où me réfugier.

Joey observe brièvement ces traits qu'il connaît à présent par cœur. Leurs mouvements lui sont familiers et il sait ce qui doit normalement se passer. Même si cela arrive de temps en temps, il est rare qu'elle reste sans expression, ne fût-ce qu'un instant, quand ils sont face à face et qu'elle le regarde. Joey est troublé de la voir *immobile et morne*, les traits figés. Cette immobilité doit lui paraître étrange, lui qui est immergé dans son visage qui représente son monde immédiat, celui d'où vient toute stimulation. Il a l'impression que sa mère — *sa vitalité* — est absente et il se demande où elle est partie.

À trois mois, un bébé sait à quoi s'attendre lorsqu'il est face à face avec sa mère et il est perturbé si elle ne réagit pas comme d'habitude. Il est particulièrement perplexe lorsqu'elle cesse brusquement toute interaction et que son visage devient vide, ou qu'il ne parvient pas à y faire naître d'expression. Dans la procédure expérimentale bien connue dite du « visage impassible », on demande à la mère de s'interrompre en pleine interaction, de ne plus bouger, d'effacer toute expression de son visage et de simplement fixer son bébé. À deux mois et demi, les nourrissons ont une réaction très forte devant un tel visage. Ils regardent autour d'eux, cessent de sourire et froncent les sourcils. Ils font des tentatives répétées pour ranimer une étincelle de vie chez leurs mères en souriant, en gigotant et en appelant. S'ils n'y parviennent pas, ils finissent par se détourner, l'air malheureux et désorienté.

En laissant ses pensées s'égarer, la mère de Joey vient involontairement de se livrer, de manière brève et partielle, à cette expérience. Cela perturbe Joey pour plusieurs raisons. Lui qui s'attendait à entrer dans un monde magique, où le son et la lumière d'un visage répondraient à ses moindres gestes (*la lumière et l'air se déchaînent en un jeu turbulent*), ne découvre qu'immobilité et morosité. Il est non seulement sensible à l'absence de stimulation, mais il est possible qu'il s'identifie à sa mère. Il se peut même qu'il l'imite et qu'il intériorise sa tristesse. Incapable de savoir véritablement ce qu'elle ressent, il a simplement le sentiment, vague et troublant, qu'elle est mentalement ailleurs, dans un ailleurs malheureux. En s'identifiant à elle, il sent cette grisaille émotionnelle s'insinuer en lui.

Joey cherche alors ses yeux, pour pouvoir la trouver. Jusque-là, il balayait son visage du regard, comme le font souvent les bébés, mais à présent, il fixe ses yeux pour découvrir son âme :

> *Je la trouve. Toute sa vie est concentrée dans le lieu le plus doux et le plus dur du monde : ses yeux.*

Pendant que Joey cherche ses yeux, sa mère est encore prisonnière de l'univers activé par les coups de téléphone. Elle pense :

> *Mais ça a toujours été comme ça. Même quand nous étions petites, Nicole savait comment faire réagir Maman — comment l'impliquer dans ses histoires. Elles étaient toujours de mèche toutes les deux. (Attends deux minutes, Joey.) Je n'ai même pas su ce que Nicole s'était fait au doigt. Elle parlait tellement vite. J'imagine qu'elle s'est coincé la main dans la portière et qu'il y avait du sang partout.*
>
> *Ça me rappelle quand nous étions petites. Maman était partie. Nous étions dans la cuisine en train de découper quelque chose avec un énorme couteau et je me suis fait une sale entaille à la main. En voulant arrêter que ça saigne, Nicole s'est mis du sang partout. Maman est arrivée juste à ce moment-là et elle nous a vues. Elle a immédiatement pensé que Nicole s'était blessée et qu'elle avait besoin d'elle, et pas moi. Sans rien nous demander, elle a pris Nicole dans ses bras et elle s'est précipitée à l'extérieur de la maison pour l'emmener à l'hôpital, me laissant seule avec ma blessure. Ce n'est que dans la voiture qu'elle s'est rendu compte de ce qui s'était passé. C'était comme si je n'étais pas là — elle ne s'est pas fait mal, elle n'a pas mal. (Oui, Joey, j'arrive.)*
>
> *Ça me déprime. Et quand je suis déprimée, j'ai l'impression de ne pas être là.*

Pendant que sa mère pense à tout ça, Joey regarde ses yeux et pense/sent :

> *Ils m'attirent, toujours plus profondément. Ils m'attirent dans un monde lointain. Égaré dans ce monde, j'oscille au gré des pensées fugitives qui font ondoyer la surface de ses yeux. Je m'abîme dans leurs profondeurs. Et là je sens couler, forts et invisibles, les courants de son animation : ils montent, bouillonnants, de ces profondeurs et me taquinent. Je les appelle. Je veux les voir resurgir. Je veux revoir son visage, vivant.*

Un échange de regards est un monde à part. Regarder quelqu'un dans les yeux alors qu'il vous rend ce regard est une expérience à nulle autre semblable. Vous avez l'impression de sentir et de suivre la vie psychique de l'autre. À ce moment-là, les yeux de Claire ne sont pas vraiment fixés sur Joey, mais ils reflètent encore vaguement sa vie intérieure. Les sentiments qu'éprouve Joey se modifient pour épouser, de façon inexacte et impressionniste, les changements du paysage intérieur de sa mère. Ces changements ne sont autres que *les pensées fugitives qui font ondoyer la surface de ses yeux et le font osciller*. Et pourtant, il ne peut se contenter de lire dans le miroir de ses yeux. Il a besoin de la présence de sa mère, il a besoin des *courants invisibles qui le taquinent*. En plongeant au plus profond d'elle, Joey ramène sa mère à la vie. Il *appelle les courants de son animation* pour entrer en contact avec eux. Ce qu'il veut par-dessus tout, c'est qu'elle soit là pour lui, mais pour que ce soit possible, il faut que sa vie intérieure se redirige vers lui. Ce n'est qu'alors qu'elle pourra *être là*.

Joey essaie à présent de capter l'attention de sa mère et de la ranimer. Il écarquille les yeux, lève les sourcils, sourit et penche la tête en arrière avec une drôle d'expression enjouée. Les bébés de cet âge savent très bien initier l'interaction. Sa mère remarque ses mouvements et son expression. Ils l'attirent plus complètement dans le moment présent. Elle pense :

> *Oh ! mon Joey ! Je t'ai abandonné, n'est-ce pas ? Est-ce que j'étais comme toi ? Gentille et patiente, essayant sans arrêt d'attirer leur attention ? TU ES MON ANGE. (À voix haute.) Tu es comme un hameçon céleste qui me ramène à la surface, mon petit amour. Car tu es mon amour, n'est-ce pas ? Oui, bien sûr !*

Tout en parlant et en réfléchissant, elle ébauche un petit sourire et penche la tête vers lui. Elle se laisse peu à peu glisser dans l'instant présent avec Joey. Plusieurs pensées lui traversent l'esprit, mais elle choisit de lui dire, avec tendresse et reconnaissance : « Tu es mon amour, n'est-ce pas ? Oui, bien sûr ! » Joey se penche en avant et lui rend son sourire. Ils sourient en même temps ou plutôt s'échangent une série de sourires pendant que Claire répète à nouveau « tu es mon amour, n'est-ce pas ? Oui, bien sûr ! » avec chaque sourire.

Lorsqu'elle commence à sourire et qu'elle penche la tête vers lui, Joey voit son visage s'animer et il pense/sent :

> *Peu à peu la vie afflue de nouveau vers son visage. La mer et le ciel sont transformés. Maintenant, la surface scintille sous la lumière. De nouveaux espaces s'ouvrent. Des arcs s'élèvent et flottent. Les volumes et les plans reprennent leur danse lente. Son visage devient une brise légère qui se porte vers moi sans me toucher. Il me caresse. Je m'anime. Mes voiles s'enflent sous elle. Ma danse est libérée en moi.*

Quand Claire est vraiment entrée en contact avec lui, Joey perçoit son visage comme un ciel et une mer transformés. Il détaille les mouvements de ses traits chaque fois qu'un sourire illumine son visage. Car après tout, pour Joey, chaque trait est une forme dans l'espace avec son architecture et ses mouvements propres. La danse des sourires modifie la texture de sa peau, faisant apparaître de minuscules pattes d'oie : *la surface scintille sous la lumière.* Ses joues deviennent plus pleines et sa bouche s'entrouvre : *de nouveaux espaces s'ouvrent.* Ses pommettes saillent et la commissure de ses lèvres se relève : *des arcs s'élèvent et flottent.* Tandis que l'architecture de son visage se transforme, *les volumes et les plans reprennent leur danse lente.*

Pour Joey, cette métamorphose est la preuve que sa mère reprend vie, chose qui a un effet immédiat sur lui. *Son visage devient une brise légère qui se porte vers moi sans me toucher. Il me caresse.*

Lorsqu'elle se penche pour le toucher, son sourire exerce un pouvoir magique et devient contagieux. Il provoque un sourire chez lui et lui insuffle sa vitalité. Il résonne de l'animation qu'elle éprouve et qu'elle lui témoigne. Sa joie croît. C'est le sourire de sa mère qui la fait naître. Elle se libère en lui : *je m'anime. Mes voilent s'enflent sous elle. Ma danse est libérée en moi.* Il lui répond et s'identifie à elle.

> *À présent, nous jouons à nous attraper. Elle souffle sur le plan d'eau qui m'entoure. Il danse sous sa brise. Je glisse à sa surface et prends de la vitesse, émoustillé. Sortant de la portée de son souffle, j'accoste seul en eaux dormantes. Me déplaçant encore sans sa brise, mais de plus en plus lentement, je l'appelle. Elle répond et me suit. Elle provoque une nouvelle brise juste devant moi. Sous son vent, je prends de la vitesse. Je lui crie de me suivre encore et de m'entraîner plus loin. Nous nous emmenons l'un l'autre, par bonds. Nous jouons à saute-mouton. La danse est entre nous.*

Dès qu'une mère et un bébé de cet âge ont échangé un sourire, un processus s'enclenche. Voici ce qui se passe : le sourire de Joey et celui de sa mère sont légèrement décalés. C'est normal : un sourire met du temps à naître sur un visage, à s'épanouir et à s'effacer. Quand le sourire de Claire est à son apogée, il déclenche celui de Joey. Et quand celui-ci est à son apogée, il ranime celui de sa mère qui commençait à disparaître. En restant décalés, ils se relancent l'un l'autre, prolongeant leur duo, comme deux gosses pris d'un accès de fou rire. En entrant et en sortant du champ d'animation de sa mère, Joey a l'impression d'être porté par la brise qu'elle a créée avec ses sourires. Claire a la même impression. C'est le *jeu de saute-mouton* auquel ils jouent. Chaque sourire étant à la fois la cause et le résultat du sourire de l'autre, *ils finissent par s'emmener l'un l'autre, par bonds. Nous jouons à saute-mouton. La danse est entre nous.*

Claire commence alors un jeu, assez brutalement. Elle adopte une expression de surprise exagérée, se penche vers son fils et touche son nez avec le sien en souriant et en faisant des gazouillis. Joey éclate de rire, mais il ferme les yeux quand leurs nez se touchent. Sa mère se recule, marque une pause pour faire monter le suspense et se jette à nouveau en avant pour lui toucher le nez. Son visage et sa voix expriment la joie et la menace feinte. Cette fois-ci, Joey est à la fois plus tendu et plus excité. Son sourire se fige. Son expression hésite entre le plaisir et la peur.

Claire s'est jetée dans le présent du jeu avec un empressement excessif, comme si elle voulait se débarrasser des souvenirs évoqués par les deux coups de téléphone. Chaque fois qu'elle se penche en avant, elle pense quelque chose comme « oui, nous sommes ici » ; chaque fois qu'elle se recule, quelque chose comme « nous sommes là ». Tout se passe comme si elle s'était finalement libérée pour être avec Joey.

Claire ne semble pas avoir remarqué que Joey était plus tendu et qu'il était en passe d'être submergé par ses sentiments. Après une nouvelle pause pleine de suspense, elle fait une troisième approche plus enjouée et pousse un vibrant « oooOh ! ». Le visage de Joey se tend. Il ferme les yeux et détourne la tête.

Claire se rend à présent compte qu'elle est allée trop loin et met fin à l'interaction.

Joey pense/sent :

> *Soudain le vent tourne. Le monde de son visage bascule, de nouveaux espaces s'ouvrent et elle s'approche de moi, dans une brise nouvelle et forte. Elle vole vers moi sur son propre chant qui s'élève et m'enveloppe. Ainsi embrassé, je glisse en avant, rapide, dans un ravissement sans effort. Elle recule et le vent tombe un moment seulement le temps de reprendre de la force. La rafale déferle de nouveau vers moi. J'attends son approche, l'excitation montant en moi. Le vent me frappe. Je penche violemment sur le flanc, mais en même temps je bondis en avant, majestueusement emporté sur une crête de joie. Cette deuxième rafale passée, le vent tombe à nouveau momentanément. Je vais toujours à une vitesse palpitante, perdant un peu l'équilibre. Pendant cette accalmie, j'essaie de me redresser. Mais la rafale suivante se précipite vers moi, fouettant l'espace et le son. Elle est sur moi. Elle frappe. Je tente d'aller à sa rencontre, de rejoindre sa force, mais elle m'ébranle, me perce de part en part. Je tremble. Mon corps s'embourbe. J'hésite. Puis je vire et je m'éloigne. Je tourne le dos au vent. Et, seul, j'aborde des eaux paisibles.*

La troisième approche a été trop brutale. Joey est encore déséquilibré par la seconde rafale : il n'est pas encore maître de son excitation. Et quand la troisième rafale le frappe, il n'est plus capable de supporter la stimulation. *Elle l'ébranle, le perce de part en part*, et il commence à résister. Ayant dépassé son seuil de tolérance au plaisir, il chancelle. L'engloutissement, la peur et le chaos le guettent. C'est alors qu'il se détourne et *aborde, seul, des eaux paisibles*.

Claire cesse brutalement l'interaction. Elle est surprise que les choses aient déraillé juste au moment où elle commençait à se sentir dans le bain. Elle s'aperçoit avec effroi que si elle avait besoin de se jeter dans le jeu avec autant d'intensité, c'était pour compenser les effets des appels de sa sœur et de sa mère. Elle pense à peu près ceci :

> *Mon Dieu ! J'ai agi pour moi, pas vraiment pour lui. J'avais besoin qu'il m'aide, peut-être l'ai-je même utilisé, et j'ai raté ce qui se passait entre nous. C'est exactement ce que Maman et Nicole faisaient avec moi.*

À présent, elle attend.

Joey, qui a détourné la tête, retrouve son calme. Il pense/sent :

> *Ce lieu tranquille apaise le tumulte qui m'habite. Il se calme et trouve le repos.*

Joey fait ce qu'on appelle de l'autorégulation. Il se ferme à ses perceptions et évite la stimulation qui le submergeait. Il peut regarder quelque chose de beaucoup moins excitant ou ne rien regarder du tout. Son niveau d'excitation va redevenir normal, son rythme cardiaque se ralentir et il va entrer dans une zone plus paisible qui va lui permettre à nouveau de s'ouvrir à la stimulation extérieure.

Claire s'en rend compte. Elle est en fait extrêmement sensible à lui quand elle n'est pas préoccupée. Pendant que Joey retrouve son calme, elle se dit :

Mon pauvre chou. Tu es venu me sauver et je t'ai repoussé. Je n'étais pas complètement là pour toi. Quand je ne me sens pas « vue », je ne suis pas non plus capable de te voir. Je ne comprends pas ce que tu essaies de me dire. Mais je suis là maintenant. Je sais où tu es, mon cœur. Je connais cet endroit moi aussi. Je vais t'attendre comme tu m'as attendue.

Au bout d'un moment, Claire sent que Joey est prêt à renouer le contact, mais à un niveau de stimulation très faible. Elle lui murmure quelque chose. Il tourne la tête pour la regarder. Elle esquisse un sourire chaleureux, quoique légèrement teinté de tristesse. Joey perçoit son invite ainsi :

Après un moment, un léger zéphyr m'effleure l'oreille. Il me rafraîchit. Je me tourne et le vois faire doucement ondoyer l'eau sous un ciel plus doux.

Ils renouent contact, heureux d'être à nouveau réunis. Claire pense :

Tout va bien maintenant, tout va bien nous sommes là.

Cette description détaillée n'a pas pour objectif de vous faire paniquer. « Savoir qu'il se passe autant de choses en une seconde me rendrait folle. J'aurais l'impression d'être coupable du moindre geste. Je me sentirais presque coupable de respirer ! » C'est vrai, mais vous n'êtes pas censée être consciente de tout cela. Si c'était le cas, vous seriez incapable d'agir. Les petits gestes de la vie quotidienne se passent en dehors de la conscience, là où ils doivent être. Ils font partie de l'intuition parentale.

Ce qui s'est produit ici n'est ni bien ni mal. C'est simplement une interaction que font naturellement deux personnes, Joey et Claire, compte tenu des influences psychologiques qui s'exercent sur leur vie quotidienne.

On pourrait dire que d'une certaine manière, Claire a commis une série d'erreurs, mais je ne vois pas les choses ainsi. Elle fait de son mieux pour être mère et pour être elle-même. Et dans la mesure où il n'y a qu'une Claire au monde, personne ne peut être plus authentiquement Claire qu'elle. Joey apprend à être, à agir et à sentir en présence de sa mère avec la personne qui lui apprendra le mieux à être *avec* quelqu'un. Il fait donc lui aussi du mieux qu'il peut.

Le développement de sa personnalité sera façonné par le couple unique qu'ils forment ensemble. Claire a tendance à être préoccupée, à se laisser envahir par son passé et à être légèrement déprimée. Quelles vont en être les conséquences sur le développement de Joey ? Il apprendra plusieurs manières d'être avec sa mère. C'est fascinant de voir comment il va s'y prendre. Les tout-petits savent très bien identifier les caractéristiques d'un événement et déterminer ce qui fait son essence. Chaque fois qu'un événement se répète, ils essaient de repérer les éléments qui étaient déjà là avant. On les appelle des « éléments invariants » parce qu'ils ne changent jamais, qu'ils sont toujours là.

Essayons par exemple d'imaginer comment un bébé se forme une image stable du visage de sa mère alors que celui-ci change tout le temps. Supposons qu'il ait faim tôt le matin et qu'il pleure pour être nourri. Sa mère sort de son lit et vient dans sa chambre. Ses yeux sont endormis, ses cheveux détachés, son visage inexpressif. C'est le visage numéro un. Elle sort de sa chambre pour aller préparer son biberon. Elle se passe de l'eau sur la figure, attache ses cheveux et met ses lunettes. Quand elle revient pour lui donner à manger, son visage a une expression plus agréable. C'est le visage numéro deux.

Plus tard dans la matinée, elle se prépare à sortir. Elle met du rouge à lèvres, se recoiffe et choisit un chapeau. Elle vient jouer avec lui une minute et lui sourit presque constamment. C'est le visage numéro trois. Le bébé a vu trois visages différents, mais il sait qu'il n'a pas trois mères différentes. Il identifie plutôt les traits de son visage qui ne changent pas, les éléments invariants, comme la forme et la couleur des yeux, la longueur du nez par rapport au front. Il laisse de côté les éléments variables : lunettes, coiffure, rouge à lèvres et expression du visage. En regroupant les éléments invariants, il crée un prototype du visage de sa mère qui devient la version « officielle » de ce à quoi elle ressemble.

Si on applique ce mécanisme à un événement plus intéressant comme l'interaction entre une mère et son bébé, on obtient des prototypes de « manières d'être avec » quelqu'un. Dans ce cas, les éléments invariants sont : quel effet ça fait d'être avec cette personne ? Quelles actions ont lieu ou n'ont pas lieu ? Quelles sont les expressions du visage et quels sont les sons produits ?

Étant donné les comportements caractéristiques de Claire et Joey, quelles sont les diverses « manières d'être avec » sa mère sur lesquelles celui-ci va pouvoir compter et qu'il va identifier comme prévisibles ? Joey va tout d'abord se comporter comme un « réanimateur » et un charmeur face à sa mère. Il est déjà très doué pour cela. Sa relation à sa mère repose en grande partie sur sa capacité à la ramener dans l'instant présent. On peut imaginer qu'en grandissant, il saura de mieux en mieux « ranimer » les gens et leur éviter de s'effondrer émotionnellement. Il choisira peut-être même une petite amie ou une femme qui recherchent ces qualités chez un homme.

Il va aussi apprendre à aller chercher la stimulation ailleurs lorsque sa mère est trop préoccupée pour le stimuler à un niveau adéquat. Il développera peut-être une grande curiosité et apprendra à explorer son environnement tout seul, même quand sa mère est là ou qu'il est assis sur ses genoux. Cette curiosité et ce désir d'explorer ont ceci de remarquable qu'ils se manifestent en présence de sa mère. Pour Joey, l'exploration est une activité solitaire, mais elle se déroule en présence de quelqu'un. Même s'il est physiquement seul, Joey n'est jamais complètement seul mentalement.

Joey va également devoir apprendre à réguler tout seul ses états de surexcitation. Ce sera en particulier le cas lorsque sa mère est momentanément indisponible ou qu'elle se force à s'absorber en lui pour se sortir d'elle-même. Il apprendra à « s'autoréconforter ».

Enfin, il va découvrir une « manière d'être avec » sa mère qui ressemble à une microdépression. Dans les moments où Claire décroche, s'efface et est absorbée dans des pensées teintées de tristesse, il l'imitera partiellement et fera écho à son état intérieur. Il fera connaissance avec la douleur et développera une sensibilité intérieure, ce qui signifie qu'il aura une « âme ».

Le tableau est-il si noir ? Absolument pas, en tout cas pas à mes yeux. En réponse à la personnalité de sa mère, Joey deviendra sans doute un garçon charmant, curieux, indépendant, sensible et capable de s'autoréguler.

Si Claire était en permanence préoccupée, déprimée ou indisponible, ces traits de caractère chez Joey ne nous apparaîtraient pas dans ce qu'ils peuvent avoir de positif ou de négatif. Ils poseraient des problèmes plus graves qui dépassent le cadre des mères « suffisamment bonnes ».

Toutes les mères veulent être de meilleures mères, même celles qui sont déjà « suffisamment bonnes ». Il y a des tas de méthodes et de « trucs » qui vous aident à vous améliorer. La plupart des mères s'empressent de les adopter, ce qui leur permet de changer de l'extérieur.

Mais vous pouvez aussi changer de l'intérieur. C'était l'objectif premier de cette microdescription : de vous montrer comment votre manière d'être mère est une expression authentique de qui vous êtes, même si ce n'est pas la seule. Cette prise de conscience est importante parce qu'au lieu de vous focaliser sur des informations extérieures, vous allez pouvoir réfléchir sur qui vous êtes vraiment avec votre enfant et la façon dont cela va se répercuter sur son développement. Vu sous cet angle, il vous sera plus facile d'utiliser votre expérience de mère pour effectuer un véritable changement de l'intérieur.

III

Une mère s'adapte

CHAPITRE 9

Cas particulier : les bébés prématurés ou handicapés

En s'adaptant à la maternité, une mère ne prend pas seulement en compte qui est son bébé, mais qui elle est elle-même devenue en ayant ce bébé et qui elle veut devenir à l'avenir. Ce chapitre s'intéresse plus particulièrement aux problèmes que pose l'adaptation à la maternité lorsque le bébé est prématuré ou qu'il a besoin de soins spéciaux.

Il existe aujourd'hui des tas d'ouvrages excellents sur les enfants handicapés et il y a des associations et des fondations qui peuvent aider les familles confrontées à ces situations difficiles. Mais j'aimerais aborder le sujet sous un angle un peu différent et décrire les obstacles particuliers que doit surmonter une femme lorsqu'elle découvre que son nouveau-né souffre d'un grave handicap ou qu'il est retardé. Apprendre que son enfant n'est pas complètement en bonne santé est sans doute ce qu'il y a de plus dur pour une jeune mère.

L'AVENIR EN PÉRIL

Vous vous souvenez de l'importance du travail imaginaire chez la nouvelle mère — comment vous avez dessiné et redessiné l'avenir dans le paysage de votre esprit afin de vous adapter aux changements dramatiques de votre vie ? Votre bébé imaginaire, vos rêves autour de votre identité maternelle et de votre future famille ont occupé vos pensées pendant votre grossesse. L'élaboration de ces différents scénarios est essentielle : elle vous permet d'accepter votre nouvelle vie à venir.

Rares sont les femmes qui ne se sont pas demandé un jour ce qui se passerait s'il arrivait quelque chose à leur bébé. Vous vous êtes sans doute posé la question pendant votre grossesse, vous demandant si vous auriez la force de donner à ce bébé ce dont il a besoin. Mais même si vous avez pleinement envisagé les conséquences que cela pourrait entraîner, même si vous avez des raisons de penser que votre bébé risque d'avoir une malformation, vous ne pouvez pas prévoir le choc consécutif à la naissance d'un enfant handicapé. Tout parent confronté à cette situation va devoir fournir un travail psychologique énorme pendant les semaines et les mois qui suivent la naissance.

En apprenant que le bébé a un problème, vous ne pouvez soudain plus imaginer comment il sera quand il ira à l'école primaire, quand il sera adolescent, adulte, qu'il deviendra lui-même parent et qu'il s'occupera de vous dans vos vieux jours. Vous n'avez pas seulement perdu votre bébé idéal, mais vous avez perdu la liberté d'envisager un avenir pour votre famille. Comme le raconte une mère, « je m'étais toujours imaginée qu'un jour, je me promènerais en tenant mes deux enfants par la main. À présent, je suis devant un gouffre. Je ne sais pas s'il faudra que je passe ma vie à m'occuper d'un enfant qui ne pourra pas marcher. Je ne sais pas ce que je vais devenir ».

La naissance d'un enfant gravement handicapé est un traumatisme qui arrête le temps dans son élan, et lorsque le temps s'arrête pour vous, vous ne pouvez plus rien imaginer au-delà de l'instant présent. Soudain l'avenir devient imprévisible et insondable. Au même moment, vous oblitérez les rêves et les fantasmes de la grossesse parce que leur souvenir est trop douloureux. Vous êtes soudain prisonnière d'un éternel présent.

Les représentations imaginaires qui concernent l'avenir de votre enfant ne ressemblent en rien à des instantanés, des tranches de temps finement découpées. Elles s'apparentent davantage à une ligne temporelle en mouvement où les souhaits, les peurs et les fantasmes fonctionnent comme autant de petits scénarios futurs. En étant prisonnière d'un présent sans avenir, dos à un passé que vous avez effacé, vous vous retrouvez privée d'une grande partie de votre processus imaginaire. Vous ne pouvez plus inventer d'histoires autour de votre bébé ou de votre maternité et vous êtes par conséquent coupée de l'espace mental nécessaire à la projection et à la création. Voilà où vous en êtes sur le plan psychique. Pendant ce temps, la réalité vous met devant une situation qui va faire appel à toutes vos capacités d'amour, de patience et d'adaptation.

Pour une mère, le travail d'acceptation suit un parcours prévisible, même si dans le détail il est tout sauf prévisible. Ce qui réunit toutes ces mères, c'est la nécessité d'aller au-delà du handicap, ce sont les doutes quant à leurs compétences de mère, leur difficulté à aimer le bébé, à s'identifier et à s'attacher à lui, et enfin le besoin essentiel de réinventer leur mariage.

Invariablement, tout commence lorsqu'elles apprennent qu'il y a un risque de handicap.

Apprendre que le bébé a un problème

Chaque enfant handicapé a son histoire propre. De même, chaque famille découvre à sa façon la nature et les processus de conséquences de la maladie. L'abominable incertitude qui entoure la découverte est souvent aussi préjudiciable que le handicap lui-même.

Pour les parents, la découverte a lieu en général au moment où les médecins les informent qu'il y a un problème, et dans bien des cas, ces derniers retardent le moment où ils les informent. Tout le monde connaît la formule rituelle au moment d'une naissance : « Toutes mes félicitations. Votre fille se porte bien. » Tout écart par rapport à cette formule est perçu comme un signal d'alarme qui restera gravé dans la mémoire des parents. Ce premier moment est décisif pour les parents qui ont souvent l'impression qu'une bombe vient de leur tomber dessus.

Parfois, la nature du problème n'est pas clairement identifiée et les médecins se contentent d'annoncer qu'il y a « un risque ». Même s'ils annoncent la nouvelle avec beaucoup de tact, ils font souvent comme si leur travail était terminé une fois la famille informée, laissant derrière eux ce qui est essentiellement une famille handicapée. Même s'ils ne peuvent pas en dire plus que ce qu'ils savent ou que ce qu'ils peuvent prévoir, la famille se sent isolée et assaillie par d'innombrables questions.

En fait, dans la plupart des cas, personne ne sait, pas même les spécialistes, comment la situation va évoluer, en particulier dans le temps. Cette incertitude est sans doute ce qu'il y a de plus pénible pour les parents : elle engendre une angoisse insupportable et une paralysie due à l'incapacité de faire des projets. Tous les parents s'imaginent à l'avance les grandes étapes du développement de leur enfant : le moment où il saura s'asseoir, marcher, prononcer ses premiers mots. C'est presque comme s'ils se préparaient à passer un examen. Lorsque ces étapes n'ont pas lieu au moment attendu, cela peut provoquer un sentiment d'angoisse, de tristesse ou de culpabilité.

Dans certains cas, l'incertitude peut se prolonger pendant plusieurs années. L'histoire du petit Éric est un scénario qui n'est que trop fréquent. À la naissance, Éric paraissait tout à fait normal. Quand il a eu deux mois, ses parents, dont c'était le premier enfant, ont commencé à s'inquiéter de son absence de réaction lorsqu'ils lui présentaient un objet. Ils sont allés voir leur pédiatre qui les a orientés vers un ophtalmologue. Quelques semaines plus tard, celui-ci a diagnostiqué une cécité partielle et a prescrit une série de tests.

Quand Éric a eu quatre mois, les médecins ont annoncé à ses parents qu'il était sans doute atteint d'une maladie dégénérative pour laquelle il n'y avait pas de traitement et qu'il serait complètement et irréversiblement aveugle avant son premier anniversaire. Effondrés, ses parents ont demandé un second avis. Un deuxième ophtalmologiste a confirmé le diagnostic, mais s'est montré moins pessimiste quant à l'issue. Les parents ont repris espoir et sont allés voir d'autres médecins. Ce n'est que lorsque Éric a eu huit mois qu'ils ont obtenu un consensus de la part des médecins : Éric était complètement aveugle.

On aurait pu penser que ce diagnostic mettrait fin à la période d'incertitude, mais pas du tout. Les parents d'Éric n'ont pas perdu espoir et se sont mis à lire tout ce qui était publié sur la maladie de leur fils.

Lorsque celui-ci a eu treize mois, ils ont eu vent d'un nouveau traitement qui était essayé à Londres. Ils ont pris contact avec les médecins et ont obtenu un rendez-vous, mais ces derniers ont estimé qu'Éric n'était pas un bon candidat au traitement.

Lorsque Éric a eu presque deux ans, ses parents ont entendu parler d'une opération qui était pratiquée à Madrid. Ils ont emmené leur fils de deux ans et demi pour faire une série d'examens, mais là encore, ils n'ont pas eu le feu vert pour l'opération.

Éric avait quatre ans quand j'ai vu ses parents pour la dernière fois. Ils avaient fait d'autres tentatives auprès de médecins, mais ils commençaient à perdre espoir. Ils n'avaient cependant pas complètement renoncé, ce qui les empêchait de faire le deuil qui s'imposait. Ils avaient commencé à s'imaginer Éric en jeune homme aveugle, une étape psychologique importance vers l'acceptation, mais ils étaient toujours incapables d'abandonner tout espoir de guérison. Cela les empêchait d'envisager des solutions immédiates comme l'apprentissage du braille par exemple, parce cela aurait entériné l'irréversibilité de son état. Ils ont perdu un temps précieux.

Même si cela peut sembler un cas extrême, ce n'est pas si inhabituel. Il faut du temps pour accepter une situation autre que normale. On passe par des phases de dénégation ; on essaie de combler la distance qui existe entre le bébé imaginaire et idéal et le bébé réel et imparfait. Il faut faire preuve d'un réalisme constructif : ne tomber ni dans le pessimisme qui risque d'engendrer la paralysie et le désespoir, ni dans la dénégation optimiste qui vous empêche de prendre les mesures thérapeutiques qui s'imposent et d'arriver à un certain équilibre. Ce dilemme concerne plus ou moins tous les parents lorsqu'ils sont amenés à comparer le bébé réel à celui de leurs rêves ; mais pour les parents d'un enfant handicapé, il est d'autant plus cruel.

Les naissances prématurées qui, dans notre culture, sont de plus en plus fréquentes méritent une discussion à part. Les parents d'un prématuré sont confrontés à certains problèmes qui concernent les parents d'enfants handicapés. L'histoire de Michelle en est un bon exemple. Ce bébé est né avec un mois et demi d'avance. Les médecins ont averti ses parents d'un retard possible, mais ils leur ont dit qu'il serait difficile de faire une évaluation avant quelques mois. Les parents sont restés dans l'incertitude.

Aux environs du troisième mois, les parents de Michelle se sont aperçus que tout n'était pas normal, ce qui leur a été confirmé en voyant d'autres bébés du même âge. Quand Michelle a eu quatre mois, ses parents ont consulté leur pédiatre qui leur a annoncé que Michelle avait effectivement un léger retard, mais il leur a conseillé d'attendre encore quelques mois parce que les prématurés retrouvent fréquemment un développement normal.

Lorsque Michelle a eu six mois, le retard était toujours perceptible et la famille lui a fait faire une série de tests neurologiques et généraux qui ont duré plusieurs semaines. Lorsqu'elle avait presque huit mois, les médecins ont confirmé le retard, mais ils ont dit qu'ils ne pouvaient faire aucun pronostic. Ils ont conseillé aux parents de jouer avec elle et de la stimuler le plus possible, ce qu'ils ont fait, en se faisant aider par des kinésithérapeutes et des éducateurs spécialisés.

Ce nouveau régime a sensiblement mais significativement modifié la nature de leur rapport à l'enfant. En plus d'être parents, ils s'étaient transformés en professeurs : ils stimulaient constamment leur fille, inventant de nouvelles méthodes pour développer, renforcer et enrichir son apprentissage. Ils avaient du mal à être spontanés et à simplement s'amuser avec elle. Si vous vous rappelez l'importance de l'improvisation dans le développement d'un bébé, vous comprendrez aisément que les parents de Michelle étaient incapables d'improviser tellement ils étaient obnubilés par l'apprentissage et la stimulation.

Les parents de Michelle ont continué à ce régime et ont attendu les résultats. Ils ont refait faire une évaluation six mois plus tard lorsque leur fille avait quatorze mois. Il y avait certes une amélioration, mais il faudrait du temps pour dire si les progrès allaient continuer et à quel rythme. En général, les prématurés qui rattrapent vite leur retard le font avant deux ans. Dans les cas plus lents, cela peut prendre jusqu'à six ans, et dans certains cas, ils ne le rattrapent jamais complètement.

Il faut souvent attendre l'entrée à l'école primaire (l'épreuve ultime) pour que les parents puissent se faire une image assez précise de l'avenir psychique, scolaire et social de leur enfant. Ce fut le cas de Michelle. À six ans, une fois bien intégrée à l'école, il était évident qu'elle était tirée d'affaire. C'était une petite fille intelligente, charmante et appréciée par ses congénères. L'histoire se termine bien, mais ce n'est que lorsque ses parents ont été sûrs de ses progrès qu'ils ont pu commencer à faire des projets et devenir ses parents tout simplement. Voilà la douloureuse réalité du processus de découverte. Parfois, les choses se terminent bien, mais le plus souvent, l'incertitude demeure.

Une mère qui fait une expérience aussi longue et douloureuse développe en général une psyché très différente de celle des autres mères. Elle est confrontée à toutes les difficultés que rencontrent en général les mères, mais avec plus d'intensité et plus d'incertitude.

Il est certes plus facile de décrire ces difficultés que de donner des solutions, mais j'ai essayé de faire les deux, en commençant par les difficultés.

VOIR AU-DELÀ DU HANDICAP

La plupart des mères se réjouissent de découvrir qui sera leur bébé — quel seront ses mimiques, son caractère, son rapport à la vie. La question du handicap, de ce que l'enfant pourra faire ou ne pas faire, empêche souvent les parents de découvrir la vraie personnalité de leur bébé. Voici ce que dit une mère, désespérée : « Je ne la vois pas. Je ne vois que son handicap ! »

Souvenez-vous qu'une des responsabilités essentielles du parent est de voir aussi clairement que possible qui est son enfant. Quels sont ses qualités, ses dons, ses préférences, ses goûts ? En identifiant ses traits de caractère, vous aiderez votre enfant à suivre la voie qui lui correspond le mieux. La présence d'un handicap empêche souvent les parents de découvrir ce qui convient le mieux à l'enfant. L'enfant perd en un sens de son individualité à leurs yeux.

S'IDENTIFIER À SON BÉBÉ

Vous allez inévitablement percevoir votre fils ou votre fille comme une continuation de vous-même, comme quelqu'un à qui vous pouvez vous identifier. Ce processus d'identification est de plus censé être gratifiant. Normalement, un parent découvre l'expérience de son bébé par empathie. Un handicap peut empêcher l'empathie, en particulier si l'annonce du handicap intervient avant que vous ayez eu la chance de vous lier à votre bébé. Dans ce cas, vous pouvez avoir une réaction de rejet vis-à-vis de votre bébé. Comme me l'a dit une mère, « j'aimerais qu'il s'en aille. Ce n'est pas mon bébé ».

Les mères n'ont pas toutes ce genre de difficultés, mais certaines femmes se sentent incapables d'être associées à un bébé qui n'est pas normal. D'une certaine manière, la blessure narcissique est trop forte. J'ai entendu plus d'une fois des mères me dire : « J'évite d'aller au parc quand d'autres mères y sont. Je ne supporte pas d'entendre leurs commentaires sur mon enfant, même des remarques polies sur la manière dont il tient sa tête ou dont il reste assis dans la poussette. » Une autre mère parle de sa douleur et de sa honte : « Ma fille est comme un vilain clown. J'ai honte de sortir avec elle. »

Malgré tous ces obstacles, la plupart des mères d'enfants handicapés parviennent à s'attacher à leur bébé, même si leur identification est légèrement différente de celle des autres mères. Elles sont obligées de voir le monde à travers les yeux de leur bébé, de se mettre à sa place et de vivre au rythme qu'impose son handicap. Le processus d'identification met en jeu d'autres aspects de la personnalité. Comme l'explique un couple, « juste après son départ en colonie de vacances, nous nous sommes sentis terriblement seuls ! Il faut du temps pour se remettre dans la peau d'une personne normale. C'est comme si nous aussi, nous vivions avec son handicap ».

COMMENT LA MÈRE SE PERÇOIT

La plupart des mères qui mettent au monde un bébé en bonne santé se perçoivent comme des animaux humains compétents, capables de continuer l'espèce en produisant un bébé indemne. La mère d'un bébé handicapé se sent remise en question dans cette capacité précise. Elle et le père de l'enfant éprouvent en général une douleur et une culpabilité qui affectent leur expérience parentale à court et à moyen terme. Ils seront peut-être hantés par les raisons du handicap. Comme une mère le décrit, « je cherchais ce que j'avais pu faire ou ne pas faire pour que cela m'arrive. Quelqu'un doit bien être responsable ». Une mère tout aussi angoissée se souvient : « Je me sentais rejetée. Comment ai-je pu mettre au monde un bébé comme ça ? Suis-je intrinsèquement mauvaise ? »

LES OBSTACLES À L'ATTACHEMENT

Les bébés prématurés sont en général mis en couveuse dans un service de soins intensifs pendant des semaines, voire des mois. Pendant ce temps, vous ne pourrez pas faire grand-chose. Les machines et les infirmières font le travail à votre place. Vos visites risquent même d'être écourtées, réduisant les occasions d'approcher et de faire connaissance avec votre bébé. Vous aurez sans doute l'impression d'être moins indispensable à votre bébé que les infirmières et surtout moins compétente. En résumé, vous serez empêchée de vous attacher à votre bébé.

Dans un précédent chapitre, j'ai parlé des différents types d'attachement qui unissent une mère à son bébé ; j'ai évoqué comment votre relation serait sans doute calquée sur la relation que vous avez eue avec votre mère, à moins que vous n'ayez choisi de changer. J'aimerais ajouter autre chose à propos de l'attachement qui, au cours de ces vingt dernières années, a fait l'objet d'études de plus en plus nombreuses.

L'attachement fait référence à l'établissement d'un lien spécial entre la mère et son enfant. Ce lien est au départ physique : c'est la mère qui reste d'abord à proximité de l'enfant, puis quand le bébé est capable de se déplacer, c'est lui qui va rester près d'elle ou revenir la voir après avoir terminé ses incursions dans le monde. Cet attachement protège l'enfant des dangers extérieurs.

Mais l'attachement est aussi psychologique, il donne naissance à un sentiment de sécurité lorsque le bébé et sa mère sont ensemble. Ce sentiment est particulièrement fort lorsque la mère et le bébé sont enlacés, poitrine contre poitrine. Un bébé ainsi tenu affronte le monde sans peur.

Il est important de rappeler que l'attachement va dans les deux sens. L'attachement mère-enfant se forme plus vite, en général pendant les deux premières semaines de la vie du bébé. C'est une expérience fascinante. Normalement, juste après l'accouchement, la sage-femme ou l'obstétricien met le bébé sur le ventre de sa mère. C'est alors que la mère commence ce que je ne peux décrire que comme une lente danse avec son bébé.

La nouvelle mère commence par toucher les pieds ou les mains du bébé du bout des doigts, doucement, comme si elle prenait des précautions. À ce moment-là, le bébé est encore un inconnu, même s'il lui est familier. À mesure que le bébé accepte les caresses de sa mère et qu'elle découvre ses pieds ou ses mains, elle remonte lentement le long de la jambe ou du bras.

Elle le caresse avec plus d'assurance, utilisant toute la surface des doigts et plus seulement le bout. Elle se déplace de la périphérie vers le centre, en direction de son ventre et de sa poitrine. Arrivée sur le ventre, sa main s'ouvre et caresse le corps du bébé de la paume. Elle s'attarde quelque temps et puis remonte invariablement vers la tête du bébé qu'elle prend délicatement dans sa paume. Elle effleurera peut-être son visage avec ses lèvres ou avec les doigts de son autre main.

Cette danse, qui varie d'une mère à l'autre, est sa manière de se familiariser avec ce petit inconnu. Le bébé devient *son* bébé. Elle forme ainsi les liens de son attachement.

De nombreux prématurés se trouvent dans une couveuse qui n'est accessible que par de petits hublots et oblige même parfois les parents à porter des gants. Le plus souvent, il y a des perfusions qui entrent et qui sortent, diverses machines et le bruit de l'assistance respiratoire. Dans ces conditions, la mère est incapable d'accomplir ses gestes d'attachement. De plus, la plupart des parents sont terrorisés à l'idée de faire mal à ce petit être si vulnérable. Ils sont déchirés entre l'attirance, la peur, la révulsion parfois, et toujours le sentiment d'impuissance. Cette situation peut durer des semaines au cours desquelles la mère éprouve souvent un immense sentiment de vide.

La mise en place de nouvelles méthodes de soins a permis de résoudre ce problème d'attachement. De nombreux services de prématurés utilisent « la méthode kangourou ». Le bébé se trouve en soins intensifs, mais sa mère le porte contre sa poitrine, ce qui permet un contact physique, peau contre peau, malgré la présence des perfusions et des machines. La mère et le père peuvent ainsi commencer à s'attacher à leur bébé. Et, fait non négligeable, cette méthode est également meilleure sur le plan médical : les bébés prennent du poids plus vite qu'en couveuse. La mère se sent plus compétente, même si ce sentiment ne se développera pleinement que lorsqu'elle sera rentrée chez elle avec le bébé et qu'elle se sera occupée de lui quelque temps.

LES OBSTACLES À L'AMOUR

Le poids du cadre hospitalier et l'état du bébé peuvent également faire barrage à l'amour, qui n'est pas exactement la même chose que l'attachement. Souvenez-vous qu'une des responsabilités maternelles essentielles est de se sentir compétente, capable d'aimer pleinement et librement son bébé et d'en être aimée en retour. Cela aussi peut être mis en péril. Bon nombre de mères doutent de pouvoir un jour aimer ce bébé imparfait qui est à l'origine d'un tel chaos. Souvent, elles vont même jusqu'à se demander si elles ont vraiment envie qu'il vive.

La mère d'un prématuré qui n'avait pratiquement eu aucun contact avec son fils pendant ses six semaines d'hospitalisation raconte comment elle est allée chercher ce bébé qu'elle connaissait à peine et qu'elle n'était pas sûre de vouloir. Elle a mis le bébé dans son siège à l'arrière de la voiture, mais ne l'a pas correctement attaché. En entrant sur l'autoroute, elle s'est retrouvée derrière une voiture qui a fait une embardée et l'a obligée à donner un grand coup de frein. Le bébé a été projeté en avant et elle s'est rendu compte qu'il avait roulé sous le siège avant. Elle s'est immédiatement rangée sur la bande d'arrêt d'urgence et s'est précipitée vers la porte arrière pour le ramasser. En le prenant dans ses bras, elle a senti pour la première fois que c'était son bébé et qu'elle était responsable de lui. C'est à ce moment-là qu'elle s'est mise à l'aimer.

Comme j'ai déjà eu l'occasion de le dire, la mère d'un prématuré ne dispose pas des dernières semaines de grossesse pour se préparer à rencontrer son bébé. Le vrai bébé arrive alors qu'elle est encore entièrement absorbée par son bébé imaginaire. Le manque de préparation ainsi que la culpabilité de n'avoir pas pu terminer sa grossesse la rendent incapable d'aimer tout de suite ce petit être, sans parler du stress occasionné par la naissance prématurée. Tous ces facteurs se conjuguent et empêchent la mère d'aimer librement et facilement son nouveau-né. Dans la plupart des cas cependant, la psyché maternelle prend vite le dessus et triomphe sur la difficulté d'aimer.

RÉINVENTER SON MARIAGE

Dans certains cas, la mère de l'enfant considère le handicap comme le signe de son échec personnel. Après tout, se dit-elle, c'est à elle de fabriquer et de mettre au monde un enfant bien portant. C'est en particulier le cas si le handicap est dû à une complication survenue au moment de l'accouchement. Se sentant coupable et anticipant la réaction de son mari quand il apprendra la vérité, elle peut essayer de lui épargner la dureté de la situation. Une mère se souvient que lorsqu'il a été temps de ramener son bébé de l'hôpital, elle a tenu à aller le chercher seule pour éviter à son mari cette expérience angoissante.

Les parents essaient de se protéger mutuellement pendant que le bébé est à l'hôpital et même par la suite. Il n'est pas rare qu'une mère s'occupe davantage de son bébé handicapé qu'elle ne l'aurait fait en temps normal. Toutes sortes de cas de figure peuvent se produire, mais en général, la vie de la famille se trouve à jamais changée.

Un père peut par exemple se sentir tellement meurtri par la présence du handicap chez son fils qu'il lui est douloureux de passer du temps avec lui. Dans ce cas, la mère joue le rôle du père et protège les uns et les autres. Inversement, le père peut s'identifier très fort à son fils et s'occuper beaucoup plus de lui qu'il ne l'aurait fait en temps normal. Dans ce cas, il peut devenir bien meilleur père que s'il avait eu un enfant en bonne santé. De toute façon, dans une famille où il y a un enfant handicapé, les rôles et les alliances évoluent souvent tout autrement que s'il y avait eu une naissance normale.

ACCUSER SON PARTENAIRE

Il arrive trop souvent que le handicap du bébé soit imputé à l'un des parents. L'accusation peut être fondée quand, par exemple, une des familles est porteuse d'un gène particulier ou qu'elle possède certaines tares physiques ou psychiques.

Ce genre d'accusation n'aura d'effets que si le terrain s'y prête, c'est-à-dire si l'un des partenaires reproche ouvertement cette tare à l'autre. Dans ce cas, la tare en question peut devenir un sujet de friction au sein du couple, l'accusation ne faisant que prolonger ou accentuer un problème qui existait déjà avant la naissance de l'enfant.

LE MARIAGE EN PÉRIL

La naissance d'un enfant handicapé peut sérieusement menacer l'intégrité d'un couple, même le plus solide. Voici ce qu'une mère explique : « Nous n'osons plus faire l'amour. Il n'y a plus de plaisir quand on voit tous les ennuis que ça nous a apporté. Les mauvais souvenirs resurgissent et viennent tout gâcher. »

D'autres parents se sentent isolés parce que leur réseau d'amis a subitement disparu ou diminué. Un enfant pas comme les autres engendre des parents pas comme les autres. Ils n'ont personne avec qui partager leurs difficultés et ont souvent peur d'ennuyer ou de ne pas être compris. Ils se trouvent socialement isolés, ce qui renforce leur sentiment d'échec : « Nous n'avions aucun soutien alors que nous nous sentions complètement perdus. Nous n'avions personne à qui nous raccrocher à part nous-mêmes. Seuls et ensemble, voilà ce que nous étions. Dans une voie sans issue. »

Ces parents ne voient pas seulement disparaître leur vie sexuelle et leurs contacts sociaux, mais tout ce qui soutient d'ordinaire un mariage. Les soins quotidiens leur demandent un temps et des efforts considérables et ils sont obligés de faire des dépenses qu'ils n'auraient jamais imaginées. La famille élargie a peut-être elle aussi pris ses distances, ce qui rend les sorties ou les « breaks » plus difficiles encore. Le simple fait de partir en vacances peut nécessiter des stratégies inouïes.

SURMONTER LES OBSTACLES

De nombreux couples confrontés au problème d'un enfant handicapé s'en sortent d'une manière qu'ils n'auraient jamais crue possible et refont surface avec une famille qui est bien plus solide que si leur enfant avait été complètement normal. D'autres en revanche rencontrent certains ou tous les obstacles que je viens de décrire et sont d'accord pour dire qu'ils ont été nombreux et difficiles, voire pour certains insurmontables.

Le plus important est sans doute de cerner les difficultés que vous rencontrez et de pouvoir en parler à d'autres. C'est vrai pour tous les nouveaux parents, mais c'est d'autant plus vrai quand le bébé a un problème. Les échanges les plus gratifiants ont souvent lieu avec des parents qui se trouvent dans la même situation et des professionnels qui connaissent bien le problème. Le travail d'introspection et les échanges sont essentiels si l'on veut identifier ses fantasmes, ses peurs et ses espoirs déçus et leur donner une réalité. Une fois qu'ils ont été verbalisés, il est plus facile de les analyser et de continuer à vivre. Les échanges permettent aussi de rompre l'isolement, réel ou imaginaire, que de nombreux parents ressentent.

Je suis convaincu que la grande majorité des femmes qui ont un bébé handicapé ou prématuré vivent une sorte de traumatisme pendant les semaines ou les mois qui suivent la naissance. On ne devrait pas laisser ces mères se débattre sans aide et je ne pense pas forcément à une aide psychiatrique. Une mère dans cette situation n'est pas un « cas psychiatrique ». C'est avant tout une personne normale qui est soumise au stress d'une situation extrême.

À mon sens, ce dont une mère a le plus besoin,

c'est d'être suivie par un professionnel avec qui elle pourra former une alliance et qui comprendra ce qu'elle vit. Elle a besoin d'être rassurée en tant que mère dans les domaines, aussi infimes soient-ils, où elle peut se sentir mère. Ce « compagnon » l'aidera à communiquer avec son bébé et lui apprendra à mieux le connaître en lui montrant ce qu'il *peut* faire, ce qu'il voit, ce qu'il entend et pas seulement ce qu'il ne peut pas faire. Cette personne devra enfin pouvoir faire la synthèse de tous les avis que donnent inévitablement les pédiatres, les neurologues, les ophtalmologistes, les infirmières, les kinésithérapeutes et les éducateurs qui s'occupent du bébé. Cette multiplicité d'avis risque de fragmenter l'univers de la mère si personne n'est là pour coordonner les choses avec elle.

Un autre bon moyen de surmonter ces obstacles est d'avoir un deuxième enfant. Je sais que cette idée ne fait pas l'unanimité, mais je pense quand même qu'elle doit être sérieusement envisagée. On peut se dire qu'avant d'avoir un autre enfant, il est important d'avoir pleinement accepté la naissance du premier. Or ce travail d'acceptation peut prendre des années et vous enlever l'énergie nécessaire à une deuxième grossesse. Contrairement à ce que vous pouvez croire, la naissance ou l'adoption d'un deuxième enfant peut rouvrir des perspectives d'avenir.

Un second enfant permet à la mère de retrouver son sentiment de compétence et aux parents d'envisager à nouveau un avenir pour leur famille et pour eux-mêmes. Il n'est pas question de remplacer le bébé défectueux par un nouveau bébé, mais de laisser le nouveau bébé venir en aide à la famille. Un deuxième enfant mettra également les problèmes en perspective, libérant ainsi le bébé handicapé d'une surveillance improductive. Les parents pourront commencer à le voir pour ce qu'il est : un individu à part entière.

Les problèmes que pose un enfant handicapé peuvent certes sembler insurmontables. Mais les parents qui seront capables d'analyser leurs expériences, de les partager avec d'autres et de demander un soutien psychologique pour traverser la période de crise et d'adaptation initiale parviendront peu à peu à clarifier la situation et à la vivre sur un mode moins douloureux. Cette mise au point leur permettra de dominer les choses et de rejoindre enfin le cours du temps. Ils apprendront à grandir et à aimer leur enfant comme ils n'auraient jamais cru en être capables au début de leur voyage.

CHAPITRE 10

Votre travail ? — Quand ?

Rappelez-vous que votre psyché maternelle n'occupera pas toujours le devant de la scène. Elle sera très progressivement reléguée à l'arrière-plan où elle restera intacte, prête à resurgir aussi souvent qu'il le faudra. À mesure que votre identité maternelle passera à l'arrière-plan au fil des mois ou des années qui suivent la naissance du bébé, il va falloir qu'elle apprenne à vivre en harmonie avec vos autres identités.

Cette phase d'adaptation consiste ni plus ni moins à concilier ses différentes identités avec sa vie de mère. Entre autres identités, il y a votre rôle dans la famille élargie, votre rôle d'épouse, votre rôle social. Mais le plus dur sera sans doute pour vous de trouver un équilibre entre votre rôle de mère et votre investissement professionnel. Chaque mère devra trouver des solutions à l'inévitable conflit entre le travail et les enfants si elle veut réussir à intégrer sa nouvelle identité maternelle au reste de sa vie.

Rares sont aujourd'hui les mères qui ne se sentent pas angoissées, déprimées, coupables, désorientées ou profondément indécises sur la question de la reprise du travail. Une jeune maman doit-elle travailler ? Et si oui, quand ? Est-il important de passer les premières années chez soi avec son bébé ? Quand votre enfant sera grand, regretterez-vous les choix que vous avez faits ? Il n'y a pas de réponses toutes faites en la matière et encore moins de solutions parfaites et définitives. Il n'y a que des compromis plus ou moins bons ou mauvais. De plus, chaque fois que vous adopterez une solution, attendez-vous à ce qu'elle change en fonction des événements ou de vos sentiments.

LA RÉALITÉ POLITIQUE ET FINANCIÈRE

On ne peut pas parler de la reprise du travail sans tenir compte des contraintes socio-économiques qui nous sont imposées. Très souvent, les décisions que vous prendrez vous apparaissent comme des choix personnels alors qu'en fait, elles sont déterminées par les priorités politiques de notre société. L'étau dans lequel vous vous trouvez prise n'a en fait rien à voir avec la maternité en général, mais la maternité telle qu'elle est envisagée dans tel ou tel pays à l'aube du XXIe siècle.

Aux États-Unis, il n'est pas rare qu'une femme qui travaille n'ait pas de congé de maternité ou seulement trois ou quatre semaines. Il arrive que certains employeurs accordent davantage, mais souvent, ce sont des jours non rémunérés ou pris sur les jours de congé. Pour ajouter à la pression, la mère peut perdre son poste ou être sanctionnée pour être restée à la maison en voyant certaines de ses tâches confiées à d'autres. Les mères sont donc placées dans une position aussi fausse qu'intenable. D'un côté, la société soutient — ou prétend soutenir — la famille et de l'autre, elle empêche les parents de concilier travail et vie de famille au niveau économique. Le résultat, c'est un nombre considérable de familles où les parents se sentent déchirés, mal à l'aise ou décalés parce qu'ils ne passent pas assez de temps avec leurs enfants. La question de la reprise du travail se pose dans un contexte qui pénalise la mère avant même qu'elle ait accouché.

Dans la plupart des pays européens, les femmes bénéficient d'un congé de maternité de trois à six mois, avec un mois supplémentaire pour les femmes qui allaitent. En Suède, les femmes ont un congé de douze mois, payé à 85 % (c'était 100 % jusqu'à récemment). Et fait d'autant plus remarquable, la mère peut répartir ses douze mois de congé comme elle l'entend sur une période de sept ans. Elle peut ne pas travailler pendant un an, travailler à mi-temps pendant deux ans, prendre trois mois de congé par an pendant quatre ans, etc. Récemment, le gouvernement suédois a également introduit une mesure visant à encourager les pères à s'investir davantage dans leur famille. Ils sont obligés de rester au minimum un mois à la maison, sans quoi la mère perd le bénéfice de ce douzième mois de congé. Point également intéressant, la loi suédoise garantit à une mère qui retourne travailler le même poste qu'avant son départ. Si on prend ces deux extrêmes, on comprend que les parents suédois n'aient pas du tout la même approche du problème que leurs homologues américains.

Aujourd'hui, les mères savent à quel point il est difficile de concilier travail et vie de famille, mais elles oublient souvent que les compromis qu'on leur impose ne sont pas de leur fait, mais plutôt une conséquence des pratiques sociales en vigueur. En plus des problèmes de garde, de transport et d'horaires de travail, de nombreuses mères se sentent coupables de la décision qu'elles ont prise. Toutes celles qui, pour des raisons financières, sont obligées de retourner travailler quand leur bébé est encore petit, se trouvent dans une situation qui est source d'angoisse et de tension permanentes. Seul un changement profond des mentalités, doublé d'un changement politique, pourrait alléger cette tension. C'est une honte que le système économique et politique ne favorise pas le développement optimal de la famille et des enfants.

Même si le fait que le père participe activement à l'éducation des enfants ouvre plus de possibilités à la mère, il ne résout que partiellement les problèmes et en crée même souvent de nouveaux. Si le couple choisit que le père reste à la maison pour s'occuper des enfants, les problèmes qui reviennent à la mère lui retomberont dessus. Le partage des tâches est un compromis faisable, mais il est rarement pleinement satisfaisant.

Il revient à chaque parent de décider s'il doit rester à la maison avec le bébé. Tout le monde s'accorde pour dire que si une mère a vraiment envie de retourner travailler, ce sera sans doute mieux pour tout le monde si elle le fait, bébé compris, à condition qu'elle trouve une solution de garde adéquate. Cela dit, la majorité des femmes ont envie de retourner travailler, mais pas toujours aussi vite que la politique actuelle le leur impose.

Mon expérience et celle de nombreux collègues qui travaillent sur le développement de l'enfant m'ont montré que le moment optimal pour qu'une mère recommence à travailler à plein temps est lorsque son enfant passe le cap des deux ans. À ce moment-là, la plupart des enfants se sont attachés à leur mère et ils ont confiance en cette relation. Ils ont vécu un certain nombre de séparations et ont appris à les supporter. Ajoutons que la nature se prête à un espacement de cette durée entre deux enfants dans la mesure où l'allaitement a tendance à inhiber l'ovulation. Si la mère allaite pendant environ un an, comme c'est le cas dans de nombreuses sociétés, le deuxième enfant naîtra lorsque l'aîné aura deux ans. Il saura marcher et n'aura plus autant besoin de sa mère. Mais ce laps de temps, bien qu'optimal, peut être difficile ou impossible à mettre en œuvre pour des raisons financières.

DÉBUT DU DILEMME

Les mères commencent à se poser la question de la reprise du travail lorsqu'elles tombent enceintes et qu'elles commencent à envisager leur avenir. Elles s'aperçoivent très vite que les choix qui leur sont proposés sont limités et commencent immédiatement à imaginer différents scénarios : rester à la maison, confier son enfant à un membre de la famille, trouver un système de garde, une nourrice ou une crèche. Rares sont les femmes qui arrivent à prévoir comment elles réagiront une fois que le bébé sera né, ou à imaginer le mal qu'elles auront à mettre en œuvre une solution qui leur semblait parfaitement réalisable pendant leur grossesse.

Voici les réflexions de trois mères que nous avons déjà eu l'occasion de croiser dans ce livre et les stratégies qu'elles ont imaginées pendant leur septième mois de grossesse concernant ce qu'elles feraient après la naissance du bébé. Marie, architecte, est la plus hésitante. Elle est partagée entre l'envie de rester à la maison pour s'occuper de son bébé et la pression dont elle fait l'objet dans son travail.

Quand je suis entrée dans la salle de réunion pour mon évaluation annuelle, tous mes collègues ont pris un air détaché, mais je savais qu'une question était suspendue au-dessus de ma tête comme une épée de Damoclès. Notre cabinet vient de signer un gros contrat et ils veulent savoir si je vais leur faire faux bond pour m'occuper du bébé.

Depuis que j'ai été embauchée, on ne peut pas dire que j'ai laissé ma vie privée interférer avec mon travail. Je leur ai toujours dit que si j'avais un bébé, je travaillerais jusqu'au jour de l'accouchement et que je reviendrais peu de temps après. Jacques comprend parfaitement ce que je ressens. On a décidé d'engager une nounou à plein temps pour s'occuper du bébé. La décision était prise en tout cas, c'est ce que je pensais jusqu'à récemment. Je ne suis plus aussi sûre. Je me demande comment ce serait de rester à la maison avec le bébé. Et parfois, je suis tentée. J'imagine des compromis. L'autre soir, je me suis vue à ma table de dessin, le bébé couché à mes pieds sur une couverture. Qu'est-ce qu'ils diraient si j'amenais mon bébé au bureau ? Je ne me vois pas aller chez un client avec mon bébé dans les bras. Peut-être qu'ils me laisseront travailler à la maison quelques jours par semaine ou qu'ils accepteront que je fasse moins d'heures ? Ça m'étonnerait. Ils ont beau m'aimer et m'assurer que ma vie privée compte pour eux, ils me remplaceraient en deux secondes.

Du coup, j'avais l'estomac noué en entrant dans la salle de réunion. Rien n'avait changé à part moi. Une assiette de gâteaux circulait autour de la table, mes collègues buvaient du café et discutaient comme le font les gens qui ont un engagement commun. Finalement, quand mon tour est arrivé, tous les regards se sont tournés vers moi.

— Alors, Marie, on peut compter sur toi pour le projet qui vient ?

— Oui, ai-je répondu. Sans problème. Vous pouvez compter sur moi à 100 %.

Était-ce mentir ? Oui et non. J'étais contrariée d'avoir dû cacher la vérité, confuse de ne pas savoir et furieuse que le choix qu'on me propose ne soit pas le bon. Ou pas tout à fait le bon. Je ne voyais pas très clair dans l'avenir.

D'autres mères savent qu'elles veulent ou doivent retourner travailler et elles se sont faites à cette idée. Mais il y a un prix psychologique à payer. Diane, analyste financière, savait avant d'être enceinte qu'elle poursuivrait sa carrière malgré le bébé. Ce qui la préoccupe, c'est de savoir si elle sera une bonne mère.

> J'ai arrêté de parler de nos projets de garde avec ma secrétaire parce qu'elle me regarde comme si j'étais une extra-terrestre. Elle n'a jamais entendu parler d'une jeune mère qui engage une nounou. Eh bien, je serai la première. Je me suis déjà renseignée : les trois premiers mois, on m'enverra une femme qui restera à la maison de huit heures du matin jusqu'à l'heure du dîner. Le bon point, c'est qu'elle a un diplôme et qu'elle connaît les nouveau-nés. Quel soulagement ! Je sais que je suis dure, mais au moins, je suis réaliste.
>
> J'espère être de retour au bureau au bout d'un mois, dès que les choses se seront organisées. Charles pourra m'aider parce qu'il travaille à son compte et qu'il sera là. Ce sera sans doute mieux pour tout le monde que j'aille travailler.
>
> Charles se demande si je n'ai pas du sang royal dans les veines. Ça ne me gênerait pas qu'une nounou s'occupe de mon bébé et me l'apporte seulement quand il a pris son bain, qu'il a été nourri et qu'il ne pleure pas. Bien sûr, ça m'embêterait qu'il préfère la nounou. J'ai bien l'intention de jouer un rôle dans sa vie. Je vais peut-être découvrir des aspects de ma personnalité que j'ignore et me laisser séduire par la maternité. Je crois plutôt que je serai une meilleure mère quand il sera plus grand et qu'il saura parler. J'attendrai ce moment-là pour prendre des congés.
>
> J'ai l'impression de ne pas être normale, comme si j'étais censée être quelqu'un que je ne suis pas, comme si quelque chose clochait dans ma manière d'être.

La troisième mère, Émilie, a abandonné sa carrière de comédienne pour un travail plus stable quand elle a appris qu'elle était enceinte. Elle a envie de rester à la maison avec son bébé et de renoncer à sa carrière. Elle est soulagée à l'idée de ne pas travailler quelque temps, même si pour elle aussi, il y a un prix à payer.

> Mes collègues de bureau sont vraiment des amies. Elles ont toutes un conseil à me donner, une histoire à me raconter, un cadeau pour le bébé. Nathalie m'a dit qu'après la naissance du bébé, je pouvais revenir quand je voulais et faire le nombre d'heures que je voulais. Le plus drôle, c'est que je ne sais même pas si j'aurai envie de revenir un jour, sauf pour leur montrer le bébé.
> Je m'imagine emmener mon bébé partout avec moi. Je l'assiérai dans les sièges des caddies quand j'irai faire des courses, je prendrai la poussette pour aller en ville, je le porterai dans le sac kangourou avec un bras et une jambe de chaque côté. Voilà ce que je veux : faire une croix sur le travail pendant quelque temps.
> Le fait d'avoir ce bébé va également résoudre la question du théâtre. Les gens de la ville se souviennent à quel point j'aimais jouer. Je sais que j'avais du talent, mais je n'étais pas prête à faire le pas et à devenir une vraie actrice. Les gens me taquinent encore là-dessus. Et moi aussi, je me suis posé la question (je me la pose toujours d'ailleurs). Un manque de courage et d'ambition, peut-être. Mais on ne peut pas faire du théâtre quand on a un bébé. Les choses se résolvent d'elles-mêmes, je pense... Enfin, j'espère. Ça me semble naturel, comme si je devais aller dans cette direction. On verra bien...

Trois femmes, trois histoires et trois solutions au dilemme maternité/travail. Aucune de ces femmes n'est pire ou meilleure que l'autre. Elles nous livrent en toute franchise leurs réflexions sur la femme qu'elles sont et la manière dont elles abordent le problème de la reprise du travail tout en tenant compte de leurs besoins et de leurs capacités. Ce qui compte, c'est que vous choisissiez la solution qui vous rend la plus heureuse et la plus épanouie et que vous vous battiez pour l'imposer. Essayez au maximum de ne pas vous laisser dicter ce qu'il faut faire ou sentir. Si vous savez ce que vous voulez, vous trouverez les compromis les mieux adaptés. Car à long terme, ce qui vous conviendra le mieux conviendra sans doute aussi le mieux à votre bébé.

UNE DÉCISION DOULOUREUSE

Lorsqu'une mère est obligée de retourner travailler pour des raisons financières, elle peut éprouver une grande souffrance. Parce que cette décision lui a été imposée de l'extérieur, la jeune mère peut se sentir blessée dans son for intérieur et souffrir d'une importante dépression post-partum. Pire encore, lorsque la mère sait déjà qu'elle devra retourner travailler, elle commence à souffrir bien avant la reprise du travail. Cela l'empêche d'être pleinement avec son bébé même lorsque son congé de maternité n'est pas terminé. Elle ne peut s'empêcher d'anticiper la douleur à venir.

Les mères qui ont la chance de pouvoir rester plus longtemps à la maison sont confrontées à d'autres problèmes. Elles ont souvent l'impression d'être marginalisées et de gâcher leur vie professionnelle. Elles sont obligées de se battre pour ne pas se sentir dévalorisées aux yeux de certains de leurs collègues, de leurs amis ou même de certains membres de la famille. Il est souvent très difficile de s'occuper d'un tout-petit sans tenir compte des jugements du monde extérieur, en particulier si au départ, vous n'êtes pas convaincue d'avoir fait le bon choix. Bon nombre de femmes ont dû se battre pour arriver à un certain niveau professionnel et même si elles sont sûres de vouloir rester à la maison, il arrive qu'elles regrettent leur travail.

Si la décision d'une mère provoque autant d'émoi, c'est que la société ne fait pas bien les choses. Nous récompensons financièrement les mères qui retournent travailler. J'en veux pour preuve le système des crèches. Nous ne pouvons pas nous permettre de trop bien payer les gens qui y travaillent parce que cela diminuerait d'autant le salaire des mères et qu'elles n'auraient plus intérêt à travailler. Nous exigeons que ces gens soient parfaits, mais pas trop non plus pour ne pas mettre en péril la relation mère-enfant. Tout le monde se trouve dans une situation impossible.

On rencontre aujourd'hui dans l'ex-Allemagne de l'Est un grand nombre de mères qui regrettent les premières années de leur maternité. Dans l'ancienne RDA, la plupart des mères retournaient travailler peu après la naissance de leur enfant une séparation encouragée par le régime communiste. Après la réunification, ces femmes ont fait l'expérience du système plus flexible de la RFA, où un congé de maternité dure en moyenne six mois. En faisant le bilan de ce qu'elles ont perdu, ces femmes voient l'ancien système est-allemand avec un mélange de colère et de désespoir.

Grâce au soutien de leur mari et de leur famille, la majorité des mères finissent par décider si elles veulent rester à la maison avec leur bébé et pour combien de temps et par trouver des compromis satisfaisants qui sont tout à l'honneur de leur ingéniosité et de leur amour maternel. Elles parviennent à élever leur enfant, pas toujours comme elles l'auraient souhaité, mais suffisamment correctement. Elles y arrivent souvent au prix d'efforts surhumains sans grandes gratifications en échange.

Il faut que ces jeunes mères réalisent qu'elles font partie d'une mutation historique des pratiques et des valeurs et que leur malaise est en grande partie le reflet d'un problème social plus général. Ce n'est pas qu'elles sont inadaptées ou en situation d'échec, c'est plutôt qu'elles essaient coûte que coûte de concilier leurs différentes identités.

Ajuster votre identité maternelle à la réalité du monde du travail est une tâche importante dans la troisième phase de la naissance d'une mère. Ce sera une tâche essentielle de la phase d'adaptation. Quels que soient les compromis que vous aurez choisi de faire, ils influenceront votre identité maternelle aussi bien que les autres domaines de votre identité. Car vous serez obligée de faire des compromis. Mais soyez avisée : tenez compte à la fois des besoins de votre bébé, de votre situation financière, de votre avenir personnel, mais aussi de vous-même en temps que mère, maintenant et pour le restant de vos jours.

CHAPITRE 11

Les maris et les pères

Tout au long de ce livre, nous nous sommes intéressés à la naissance de la maternité et au cheminement qu'une mère doit faire, depuis sa grossesse jusqu'au moment où elle tiendra son bébé dans ses bras et aux mois qui suivront l'accouchement. Et pourtant en général, à chaque étape du voyage, il y a un homme à ses côtés, qui fait son propre cheminement pour devenir père. Bien que le père soit un personnage également important dans cette aventure, je me suis jusque-là contenté de décrire l'expérience maternelle. Je voudrais à présent introduire le père et en particulier la notion que vous aurez tous les deux à réinventer votre couple après l'arrivée de votre enfant.

La jeune mère va devoir trouver un moyen d'intégrer son identité maternelle à son mariage. Il est logique que pendant que vous serez occupée à construire votre nouvelle identité, votre mari fera de même de son côté. La « psyché paternelle » reste un domaine largement inexploré dans nos sociétés. Elle est d'autant plus difficile à cerner qu'à l'heure actuelle, les jeunes parents vivent dans un monde où les données socio-économiques connaissent une mutation rapide et peu prévisible. La plupart des jeunes parents sont pris entre un passé traditionnel et un avenir mal défini. Mon objectif est de dresser un tableau évolutif de notre société pour que les mères puissent comprendre certains des problèmes auxquels leurs maris sont confrontés et mieux réinventer leur vie de couple.

LES CROYANCES CULTURELLES

Les couples adoptent automatiquement le rôle du père et de la mère et ils finissent également par s'attribuer des tâches familiales spécifiques. Consciemment ou inconsciemment, mari et femme tombent d'accord sur qui donnera le bain au bébé, qui fera la lessive, qui emmènera l'enfant chez le pédiatre et qui se lèvera la nuit pour donner les biberons. Ils ne décident pas seulement qui va faire quoi, mais en fonction de leur mode de vie, ils valorisent plus ou moins telle ou telle tâche.

On appelle cette répartition des rôles et des tâches les « croyances culturelles parentales » du couple. Celles-ci peuvent évoluer, mais elles se divisent presque toujours en deux catégories : le modèle traditionnel et le modèle égalitaire. Ces deux catégories se recoupent sur bien des points, mais pour les besoins de la description, je les ai traitées séparément.

Le modèle traditionnel

Dans la configuration traditionnelle, le père part du principe que la mère aura l'entière responsabilité du bébé. Il peut faire une partie du travail, mais dans sa tête, il ne fait qu'aider sa femme ou lui faciliter la tâche. Sa fonction première, telle qu'il l'envisage, consiste à apporter à sa femme un soutien émotionnel, physique, pratique et financier, qui va faire tampon avec le monde extérieur et lui laisser l'espace nécessaire pour apprendre à s'occuper du bébé.

Dans ce cas de figure, le père n'est pas confronté à la nécessité immédiate de garantir la survie de son bébé, ou du moins pas de la même manière que la mère. Par contre, il découvre soudain qu'il doit faire vivre sa nouvelle famille. Cette réalité l'oblige à reconsidérer ses obligations. Le travail et la sécurité financière vont prendre un tout autre poids. Un grand nombre de jeunes pères se préoccupent soudain de la sécurité de leur environnement, au point qu'il leur arrive de reconsidérer le quartier où ils vivent et de faire de gros efforts pour promouvoir un environnement où leur famille puisse évoluer en toute sécurité.

À mesure que son image de lui-même se modifie, votre mari va peut-être sérieusement envisager de prendre une assurance-vie et un emploi plus stable. Dans un couple traditionnel, le père se tourne vers le monde extérieur alors que par contraste, la mère se tourne vers le bébé et se désengage du monde extérieur.

Ce n'est pas un hasard si le modèle traditionnel a perduré dans un si grand nombre de cultures. La raison la plus évidente concerne la relation physique de la mère à son bébé, relation qui débute pendant la grossesse et qui se poursuit avec l'allaitement. D'un point de vue biologique, notons qu'on retrouve également ce modèle chez les grands singes. Chez les babouins par exemple, la mère forme avec sa progéniture et les autres femelles un cercle autour du nouveau-né. Pendant ce temps, le mâle se tient à l'écart et surveille la savane, attentif à la fois au danger et à la nourriture potentielle. Il se tourne vers l'extérieur et « décrypte » l'environnement.

Personne ne sait si les exemples du monde animal s'appliquent aux êtres humains ni si les modèles traditionnels sont renforcés par les facteurs biologiques. (Certaines mères racontent que leurs maris, en apprenant qu'ils allaient être pères, s'étaient mis à courir à travers la pièce, montrant leurs biceps, se frappant la poitrine, sautant d'une chaise à l'autre et poussant des cris de joie !) Mais quels que soient les facteurs biologiques en jeu, ils ont été évincés par des modèles culturels en place depuis des siècles.

Les rôles traditionnels ne sont pas sans poser un certain nombre de problèmes. De même que vous aurez sans doute du mal à comprendre pourquoi votre mari se tourne vers l'extérieur dans un moment aussi crucial, il ne comprendra peut-être pas non plus pourquoi vous êtes si absorbée par le bébé. Bon nombre de nouveaux pères observent cette transformation chez leurs femmes avec un mélange de désarroi, de jalousie et d'étonnement et se sentent légèrement exclus de cette expérience riche et mystérieuse.

Cela ne veut pas dire qu'un père traditionnel ne s'intéresse pas à son bébé, qu'il ne joue pas avec lui ou qu'il ne s'en occupe pas. Il s'en chargera peut-être même volontiers, mais dans son esprit, sa tâche essentielle reste de protéger sa nouvelle famille contre les menaces réelles ou symboliques du monde extérieur. Une mère décrit avec humour la première manifestation de ce nouvel état d'esprit chez son mari.

> Quand mon mari est venu nous voir à la maternité, le surlendemain de la naissance du bébé, il avait un drôle d'air. Il était à la fois gêné et fier. Il s'est penché vers moi et m'a dit : « Tu ne devineras jamais ce que j'ai fait hier soir avant d'aller me coucher. Je suis allé pisser aux quatre coins du jardin, pour marquer mon territoire comme un chien ou un loup. Dieu seul sait pourquoi. » J'ai trouvé ça comique, mais en un sens, j'étais contente

qu'il ait fait ça, même si c'était bizarre ou un peu primitif.

Dans la plupart des couples traditionnels, la femme reste à la maison avec le bébé pendant la journée et le père rentre du travail le soir. Si c'est le cas, vous verrez que sa manière de jouer avec le bébé est assez différente de la vôtre. Le père a tendance à préférer les jeux plus énergiques : il lance le bébé en l'air, en faisant de gros bruits. Il le chatouille avec force et semble être doué pour une stimulation tactile et kinesthésique de haute intensité. La plupart des bébés adorent ce genre de comportement et s'en réjouissent. En fait, dès que Papa passe la porte, l'anticipation se lit sur leur visage et sur leur corps.

La mère, qui s'occupe d'élever le bébé et passe l'essentiel de la journée avec lui, n'est pas moins douée, mais elle joue de manière beaucoup plus modulée, à des niveaux de stimulation plus faibles. Elle privilégie par exemple la stimulation verbale et les caresses. Avant que l'enfant aille se coucher, ces mères doivent fréquemment demander à leur mari de se calmer, sinon le bébé sera trop excité pour dormir. La plupart des spécialistes de l'enfance pensent que ces deux formes de jeu sont bénéfiques pour l'enfant, chacune apportant une expérience et un apprentissage différents.

Chose étonnante, ces formes de jeu ne sont pas liées au sexe du parent pas plus qu'elles ne sont innées. Lorsqu'un homme reste à la maison pour s'occuper du bébé et que sa femme travaille à plein temps et rentre le soir, les rôles sont inversés. C'est le père qui adopte un type de stimulation plus modulé alors que la mère lance le bébé en l'air et se charge des jeux plus turbulents.

Autre caractéristique du père traditionnel : son répertoire de jeux et d'activités est plus limité que celui de sa femme. Lorsqu'il est avec le bébé, sa capacité d'attention et son niveau de tolérance sont plus faibles. En général, après avoir épuisé son répertoire de jeux, il s'arrête et tend le bébé à sa femme. Il s'assied ensuite dans un fauteuil pour se détendre et lire le journal ou regarder la télé (là encore, il « surveille la savane »). Il se tourne vers le monde extérieur où il est plus à l'aise.

Par différence, la plupart des mères excellent dans les interactions qui ne nécessitent pas d'accessoires extérieurs. Elles peuvent passer de longs moments avec leur bébé en se servant uniquement de leur visage et de leur voix ou se perdre dans des jeux improvisés. Les pères ont tendance à utiliser davantage les jouets et leurs jeux sont plus structurés, avec un début et une fin bien marqués.

Si vous faites partie d'un couple traditionnel, vous devez comprendre que le manque de patience de votre mari lorsqu'il s'occupe du bébé n'est en général pas un choix ni une manifestation d'agressivité passive. (« Écoute, je m'y prends tellement mal — tu ferais mieux de t'en occuper. ») N'imaginez pas qu'il pourrait changer si seulement il y mettait du sien. En fait, les pères sont conscients de ce manque de patience, même s'ils ne parviennent pas à se l'expliquer complètement. Après avoir passé un certain temps avec le bébé, ils en ont tout simplement assez et ils ont envie d'être ailleurs. Passé ce stade, s'ils sont obligés de rester avec le bébé, ils risquent de s'énerver. On sait que les mères s'énervent elles aussi. La seule différence, c'est que dans le modèle traditionnel, le père tend l'enfant à sa femme, quel que soit son degré d'énervement.

C'est ce qui cause tant de disputes conjugales. Il y a la question superficielle de la répartition des tâches et la question plus profonde de l'acceptation réciproque des rôles. Le seuil de tolérance du mari ne pourra changer que s'il modifie radicalement son système de valeurs. Le modèle traditionnel qui incite les hommes à s'investir dans le monde extérieur pendant que les femmes s'investissent dans un monde plus intérieur (qui inclut les soins) est tenace et insidieux.

Dans la mesure où le père traditionnel s'investit moins dans les soins quotidiens du bébé et se perçoit comme secondaire par rapport à sa femme, il met souvent plus de temps à passer de l'identité de « fils de son père » à celle de « père de son fils ». En fait, cette transformation peut ne s'effectuer pleinement que lorsque l'enfant aura deux ans. À partir de cet âge, les rapports changent : les pères deviennent à la fois plus proches et plus réceptifs. Mais ils se perçoivent moins comme parent que comme professeur et comme personne avec qui on s'amuse. En un sens, le père traditionnel se perçoit comme celui qui fait découvrir le monde à l'enfant, un monde où il se sent à l'aise et qu'il maîtrise.

La vision de la famille traditionnelle bourgeoise que nous avons héritée du XIXe siècle a été reprise par la pensée psychodynamique. Aux alentours de la troisième année, le père a pour rôle d'arracher son enfant à la sphère privée de la relation mère-enfant et de lui faire découvrir le monde et les réalités sociales et culturelles. En termes psychodynamiques, l'enfant vit dans une dyade (relation à deux) avec sa mère jusqu'à sa troisième année, moment où le père intervient et transforme la dyade en triade (relation à trois). Cette vision est cependant en train de changer.

Dans de nombreux cas, même pour les bébés issus de couples traditionnels, il y a non seulement une dyade avec la mère, mais une dyade avec le père, en plus de la triade père-mère-enfant. De nombreuses activités quotidiennes se déroulent désormais à trois ; même si l'un des parents se contente d'observer, il ou elle est présent(e) dans la pièce, formant une triade.

Votre bébé n'aura pas la même expérience s'il est avec vous et votre mari que s'il est seul avec vous. La vie avec le père ne commence plus à trois ans, mais dès la naissance, ce qui donne à l'enfant une expérience plus riche.

Dans la culture actuelle, certains hommes acceptent en théorie que les rôles parentaux aient changé, mais, dans la pratique, ils se comportent toujours comme si l'éducation de l'enfant était la seule responsabilité de la mère. Dans ce cas, le type de soutien que le père apporte à la mère ne l'inclut pas dans la matrice de soutien. Au lieu de l'encourager ou de lui donner des conseils à l'intérieur d'un cercle magique d'initiés, il lui apporte son soutien psychologique en lui témoignant simplement son amour et son admiration. Il admire sa femme comme il admirerait un musicien, mais sans prendre part à ses accomplissements. Ce peut être une forme de soutien parfaitement valable et précieuse.

Les problèmes surgissent lorsque l'homme et la femme ne sont pas d'accord sur la nature de leur mariage et sur les rôles qu'ils doivent jouer. Si l'un des conjoints voit son mariage comme un mariage traditionnel et que l'autre pense le contraire, la mère finit par vouloir que son mari prenne davantage de responsabilités. S'il refuse ou s'en sent incapable, la mère lui en veut et elle est déçue non seulement par le père, mais par le mari et par l'homme, ce qui aura évidemment des conséquences durables sur leur mariage.

Comme j'ai déjà eu l'occasion de le dire, le moment où la jeune mère commence à réévaluer son mari en fonction de sa capacité à être père constitue souvent un tournant décisif dans le mariage et va décider de la direction que la relation va prendre. Malheureusement, c'est souvent à ce moment-là que la déception s'installe.

Voyez plutôt les récriminations de cette mère, qui réapparaissent dans bien trop de relations :

> Marc ne semble pas comprendre qu'il a lui aussi une fille. Ce n'est pas seulement *mon* bébé. Il est père lui aussi, mais il n'a pas l'air de s'en apercevoir. Il ne la prend jamais très longtemps dans ses bras, il ne la change jamais, il voudrait que je m'en occupe tout le temps et après, il ne comprend pas pourquoi la maison est en désordre quand il rentre.
>
> La semaine dernière, il est allé dormir sur le canapé. Il dit qu'il n'arrive pas à récupérer s'il est réveillé la nuit. Et moi alors ? Ça me désole qu'il soit obligé de dormir dans le salon, mais ce n'est qu'un bébé, bon sang, et nous sommes tous les deux ses parents.
>
> Ce n'est pas uniquement une question de sommeil. Il se coupe de nous, d'elle et de moi.

Ce couple se divise sur une question fondamentale. Il faudra qu'ils fournissent un gros travail pour redresser la situation et empêcher le conflit de s'étendre à l'ensemble de leur relation. Une autre mère décrit sa situation en ces termes :

> Je n'aurais jamais cru que le fait d'avoir un bébé ferait naître autant de tensions entre mon mari et moi. Il n'est pas à l'aise avec cette histoire de bébé, et ça me fait peur.
>
> Il voudrait que je laisse le bébé pleurer. Il a peur de trop le gâter. Il pense qu'on devrait prendre une babysitter et recommencer à sortir. On se dispute presque sur tout. Il ne se gêne pas pour me faire des critiques alors qu'il ne sait même pas ce que ça représente de s'occuper d'un bébé. C'est déjà assez dur d'être mère sans avoir à se battre contre lui en plus. S'il le faut, j'irai m'installer chez mes parents quelque temps.

Là encore, il y a un comportement de fuite au sein du couple par rapport à des questions décisives. Ce genre de conflit peut marquer la vie familiale à jamais.

La nature du mariage est menacée lorsqu'une mère en vient à déclarer : « J'ai fini par me dire que j'allais devoir élever cet enfant seule. À partir d'aujourd'hui, c'est mon bébé. C'est nous contre lui. »

Ce commentaire amer et pessimiste est le signe d'un profond désaccord entre le père et la mère. Ce genre de conflit peut aboutir à une relation fusionnelle entre la mère et la fille et une relation plus distante et difficile entre la fille et le père. S'ils essaient de se rapprocher par la suite, la mère risque de vivre ce rapprochement comme une trahison, faisant naître un sentiment de culpabilité chez sa fille. Il ne fait aucun doute que des malentendus sur les rôles parentaux viennent assombrir les relations familiales.

Le mariage traditionnel peut sembler archaïque, mais il a certains avantages. Lorsque la mère et le père jouent des rôles aussi divergents, mais néanmoins complémentaires, le bébé fait l'expérience de relations avec des gens qui sont différents, et pourtant proches. Certaines mères jugeront peut-être que la contribution du père — compagnon de jeu ou clown à temps partiel — n'est pas d'une grande utilité et n'est qu'un moyen de se faire plaisir. C'est sous-estimer l'importance de ce rôle qui a une vraie valeur. Le modèle traditionnel permet en outre à la mère de s'absorber complètement dans l'univers intérieur de la maternité.

Le modèle égalitaire

Un nombre grandissant de couples sont en faveur de l'égalitarisme. Le couple égalitaire croit au partage des tâches, que ce soit pour l'éducation de l'enfant ou dans d'autres domaines de la vie de famille. Dans certaines cultures et dans certains groupes socio-économiques, c'est même devenu la solution de l'avenir.

Trois grands courants travaillent en faveur du mariage égalitaire : 1) les réalités économiques qui obligent les deux parents à travailler à plein temps pour faire vivre leur famille ; 2) l'égalité homme/femme revendiquée par le mouvement féministe ; 3) l'affaiblissement du rôle de la famille élargie qui oblige le père à prendre la place jadis occupée par les parents et beaux-parents et les frères et sœurs.

Si j'en crois mon expérience, le père purement égalitaire est plus un idéal qu'une réalité, même si de nombreux pères traditionnels s'engagent dans cette voie. Il existe bien entendu des pères qui restent à la maison pour élever leurs enfants, mais ils sont encore rares. Apparemment, la plupart des pères commencent à jouer un plus grand rôle dans l'éducation de leurs enfants, soit qu'ils y soient contraints, soit qu'on les en persuade, et trouvent ce rôle vraiment gratifiant. Ils prennent plus de plaisir à être père qu'ils ne l'auraient cru, se sentent étonnamment à l'aise dans ce rôle et se convertissent tout naturellement à l'idée.

La co-parentalité n'est évidemment pas sans poser problème. Le partage des tâches éducatives est sans doute plus facile à dire qu'à faire, ne serait-ce que parce qu'il est difficile de tout diviser. Même lorsque les parents se relaient, cela ne veut pas dire qu'ils partagent équitablement chaque responsabilité, sur le plan pratique ou psychologique. Il est fréquent de voir un parent faire le décompte parce qu'il trouve que l'autre n'en fait pas assez. L'éducation de l'enfant risque alors de devenir un vrai champ de bataille.

Un couple de ma connaissance est même allé jusqu'à inventer un système où ils quantifiaient exactement ce que chacun avait fait pour arriver à un décompte égal à la fin de chaque semaine. Non seulement ils notaient qui avait balayé la maison, préparé le dîner et fait la vaisselle, mais ils donnaient des points à celui qui avait récuré le plus de casseroles. Le système péchait dès qu'il s'agissait de comparer le temps passé avec le bébé. Voici ce que raconte la mère à ce propos : « Pour lui, être avec le bébé signifie l'installer dans son transat pendant qu'il regarde la télé ou apporter le transat dans le garage pendant qu'il fait du bricolage. Je n'appelle pas ça être avec le bébé, mais lui, si. »

À l'extrême inverse, l'un des parents peut éprouver de la jalousie si l'autre semble mieux s'occuper du bébé ou mieux s'amuser avec lui. Comme l'explique une mère, « récemment, j'ai commencé à travailler quatre soirs par semaine pour arrondir nos fins de mois. C'est mon mari qui s'occupe du bébé pendant ce temps. Je devrais être contente qu'il s'en occupe aussi bien, mais ils partagent tous ces petits moments privilégiés le soir, et ma fille ne fait aucun problème pour aller se coucher avec lui. Très souvent quand je rentre le soir, je la trouve endormie dans ses bras et parfois, lui aussi dort. Il y a cette complicité entre eux qui me donne l'impression d'être exclue ».

Lorsque les parents se disputent le bébé, cela peut faire surgir des questions de pouvoir, de domination et de rivalité qui sont normalement réservées à la sphère du travail et des relations sexuelles. Lorsque ce genre de sentiments envahit le domaine de l'éducation, les relations des trois en souffrent.

Un petit pourcentage de mères finissent par regretter d'avoir opté pour un système égalitaire et aimeraient que leur mari s'efface pour les laisser à leur expérience maternelle. Dans ce cas, le mari se sent tout naturellement floué et rejeté. Lui qui a fait un effort pour s'investir dans la paternité, on lui enlève la gratification de sa décision.

Dans un mariage égalitaire, le mari peut ne pas être capable de satisfaire tous les besoins de sa femme, ce qui peut l'empêcher de se sentir pleinement gratifié. Par exemple, il ne peut par définition pas faire partie de la matrice de soutien, qui est essentiellement constituée de femmes plus expérimentées, à la fois dans la famille et parmi les amis. Lorsqu'un couple vit loin de sa famille et de ses amis, la jeune mère a tendance à attendre de son mari qu'il fasse partie de cette matrice de soutien même s'il n'est pas très à l'aise dans ce rôle. Il a beau l'aider pratiquement et physiquement et faire preuve d'une grande solidarité, il n'est pas en position de lui donner les conseils, les encouragements et les marques de reconnaissance dont elle a souvent besoin. En fait, il est en général tout aussi ignorant que sa femme, sinon plus, et ne sait pas pourquoi le bébé pleure, comment faire pour qu'il se couche plus tôt ou comment faciliter une tétée. Il peut essayer d'aider, mais bien souvent il n'y parvient pas, ce qui donne au couple un sentiment d'échec et de vide. Le drame, c'est qu'ils ont l'impression d'être responsables de cet échec, alors que ce sont les circonstances qui les ont mis dans une situation impossible.

Et même si un mari parvient partiellement à jouer ce rôle de soutien, ce ne sera pas nécessairement moins compliqué. En devenant une figure de soutien, le mari est d'une certaine manière « maternalisé », ce qui peut être inconciliable avec son rôle de père, de mari et d'éducateur. Non seulement cela fait beaucoup de rôles à jouer, mais ce sont aussi des rôles contradictoires. Dans notre société, il est difficile d'être à la fois mari et mère, ou de passer de l'un à l'autre. Lorsque le mari devient plus maternel, cela affecte la nature de la relation conjugale, et il faudra du temps pour qu'elle redevienne ce qu'elle était avant, si elle le redevient jamais.

Mais lorsque le système égalitaire fonctionne bien, les deux parents peuvent se sentir extrêmement solidaires. Ils ont l'impression de faire quelque chose ensemble, de réussir l'éducation de leur bébé tout en approfondissant leur relation de couple. Le mariage égalitaire comporte également des avantages pour la mère qui souhaite recommencer à travailler. Elle sait que son mari endossera une partie des responsabilités le moment venu, ce qui la soulage d'une partie de la pression postérieure à l'arrivée du bébé. Le fait de savoir que son conjoint s'occupera à égalité de l'enfant lui permettra de construire son identité de mère et de femme qui travaille. Elle aura l'impression que son mari respecte vraiment ce qui constitue l'essentiel de leur vie commune : l'éducation des enfants. À ce moment-là, de nombreuses femmes éprouvent un grand sentiment de gratitude et d'amitié envers leur mari, ce qui renforce les liens de leur mariage.

TERRA INCOGNITA

Nous ne savons pas encore suffisamment de choses sur l'évolution de ces modèles parentaux pour en connaître toutes les implications futures. Une chose, cependant, est claire. Ces modèles évoluent trop vite pour que les parents puissent pleinement comprendre ce qui leur arrive. Ils se retrouvent souvent dans des situations qu'ils n'ont pas voulues ou auxquelles ils ne pensaient pas devoir faire face. Les idéaux et les théories de notre société ne sont pas toujours en accord avec les réalités politiques, ce qui met les nouveaux parents devant des dilemmes pour lesquels ils n'ont pas de solutions. La plupart d'entre eux se retrouvent à imaginer des compromis pour répondre aux besoins de leur enfant, compromis qui durent rarement longtemps et qui demandent des réajustements constants.

Les recherches menées sur le sujet ne nous ont pas apporté des conclusions claires. Des études récentes ont laissé entendre que l'identité du père, qu'elle soit traditionnelle ou égalitaire, ne changeait pas fondamentalement sa relation au bébé. Certaines études ont même montré que les pères égalitaires ne jouaient pas avec leur enfant de manière très différente des pères traditionnels, même s'ils passaient plus de temps à s'occuper de lui. Le type d'attachement père-bébé semble également sensiblement le même.

Il y a cependant deux différences fondamentales entre ces deux modèles de paternité. Premièrement, les pères égalitaires ont toujours l'impression que le fait de s'occuper de leur enfant les a rendus meilleurs pères. Deuxièmement, les femmes impliquées dans une relation égalitaire semblent plus satisfaites du rôle de mère qu'elles jouent dans la société.

La psyché paternelle connaît une évolution rapide et parfois houleuse ; elle avance à tâtons vers un avenir incertain, tirée d'un côté ou de l'autre par des forces qui échappent au seul contrôle des hommes. C'est un véritable défi de devenir père ou mère dans la société actuelle, mais rares sont ceux qui pensent que leurs efforts sont vains.

Un dernier mot

En plus de devoir adapter votre identité maternelle à votre profession et à votre mariage, vous allez devoir concilier la maternité avec vos autres identités : votre place dans la famille, vos amitiés, vos loisirs, votre rôle social. Tous ces réajustements constituent la phase d'adaptation à la maternité. Mais il vous faudra des années pour que cette nouvelle identité trouve sa place dans l'ensemble de votre vie, vous permettant de vous épanouir en tant que mère et de laisser cette expérience enrichir à son tour votre vie de femme et d'individu.

J'en ai terminé avec la description de la naissance de la maternité, mais ce processus n'est jamais vraiment fini. Il fait partie intégrante de vous et connaîtra de multiples transformations à mesure que vos enfants grandiront, quitteront la maison, se marieront et auront eux-mêmes des enfants.

Lorsque l'on demande à des femmes qui ont des enfants ce dont elles sont le plus fières, la majorité d'entre elles, y compris celles qui ont des carrières hors du commun, répondent : « Mes enfants, être la mère de mes enfants. » La naissance de votre maternité vous conduira inévitablement à faire un jour la même réponse.

Remerciements

Nous souhaitons par-dessus tout remercier les mères qui, par leurs témoignages, nous ont inspirés, ouvert de nouveaux horizons, fait découvrir des choses dont nous n'avions pas pleinement conscience et qui nous ont tout simplement beaucoup appris. Pour ma part, je suis également profondément reconnaissant à Nadia, mon coauteur, et à Alison pour avoir soumis au test de leur expérience de mère les parties que je rédigeais.

Gail Winston, notre éditeur, s'est montrée tour à tour encourageante, critique, patiente et impatiente lorsqu'il le fallait et avec la dose qu'il fallait. Elle nous a été d'une immense aide.

La recherche et l'écriture de ce livre ont été en partie possibles grâce au soutien de la famille Steven Ross.

Index

Table

III

Une mère s'adapte

DANS LA COLLECTION « POCHES ODILE JACOB »

N° 1 : Aldo Naouri, *Les Filles et leurs mères*
N° 2 : Boris Cyrulnik, *Les Nourritures affectives*
N° 3 : Jean-Didier Vincent, *La Chair et le Diable*
N° 4 : Jean François Deniau, *Le Bureau des secrets perdus*
N° 5 : Stephen Hawking, *Trous noirs et Bébés univers*
N° 6 : Claude Hagège, *Le Souffle de la langue*
N° 7 : Claude Olievenstein, *Naissance de la vieillesse*
N° 8 : Édouard Zarifian, *Les Jardiniers de la folie*
N° 9 : Caroline Eliacheff, *À corps et à cris*
N° 10 : François Lelord, Christophe André, *Comment gérer les personnalités difficiles*
N° 11 : Jean-Pierre Changeux, Alain Connes, *Matière à pensée*
N° 12 : Yves Coppens, *Le Genou de Lucy*
N° 13 : Jacques Ruffié, *Le Sexe et la Mort*
N° 14 : François Roustang, *Comment faire rire un paranoïaque ?*
N° 15 : Jean-Claude Duplessy, Pierre Morel, *Gros Temps sur la planète*
N° 16 : François Jacob, *La Souris, la Mouche et l'Homme*
N° 17 : Marie-Frédérique Bacqué, *Le Deuil à vivre*
N° 18 : Gerald M. Edelman, *Biologie de la conscience*
N° 19 : Samuel P. Huntington, *Le Choc des civilisations*
N° 20 : Dan Kiley, *Le Syndrome de Peter Pan*
N° 21 : Willy Pasini, *À quoi sert le couple ?*
N° 22 : Françoise Héritier, Boris Cyrulnik, Aldo Naouri, *De l'inceste*
N° 23 : Tobie Nathan, *Psychanalyse païenne*
N° 24 : Raymond Aubrac, *Où la mémoire s'attarde*
N° 25 : Georges Charpak, Richard L. Garwin, *Feux follets et Champignons nucléaires*
N° 26 : Henry de Lumley, *L'Homme premier*
N° 27 : Alain Ehrenberg, *La Fatigue d'être soi*
N° 28 : Jean-Pierre Changeux, Paul Ricœur, *Ce qui nous fait penser*
N° 29 : André Brahic, *Enfants du Soleil*
N° 30 : David Ruelle, *Hasard et Chaos*
N° 31 : Claude Olievenstein, *Le Non-dit des émotions*
N° 32 : Édouard Zarifian, *Des paradis plein la tête*
N° 33 : Michel Jouvet, *Le Sommeil et le Rêve*
N° 34 : Jean-Baptiste de Foucauld, Denis Piveteau, *Une société en quête de sens*
N° 35 : Jean-Marie Bourre, *La Diététique du cerveau*
N° 36 : François Lelord, *Les Contes d'un psychiatre ordinaire*

N° 37 : Alain Braconnier, *Le Sexe des émotions*
N° 38 : Temple Grandin, *Ma vie d'autiste*
N° 39 : Philippe Taquet, *L'Empreinte des dinosaures*
N° 40 : Antonio R. Damasio, *L'Erreur de Descartes*
N° 41 : Édouard Zarifian, *La Force de guérir*
N° 42 : Yves Coppens, *Pré-ambules*
N° 43 : Claude Fischler, *L'Homnivore*
N° 44 : Brigitte Thévenot, Aldo Naouri, *Questions d'enfants*
N° 45 : Geneviève Delaisi de Parseval, Suzanne Lallemand, *L'Art d'accommoder les bébés*
N° 46 : François Mitterrand, Elie Wiesel, *Mémoire à deux voix*
N° 47 : François Mitterrand, *Mémoires interrompus*
N° 48 : François Mitterrand, *De l'Allemagne, de la France*
N° 49 : Caroline Eliacheff, *Vies privées*
N° 50 : Tobie Nathan, *L'Influence qui guérit*
N° 51 : Éric Albert, Alain Braconnier, *Tout est dans la tête*
N° 52 : Judith Rapoport, *Le garçon qui n'arrêtait pas de se laver*
N° 53 : Michel Cassé, *Du vide et de la création*
N° 54 : Ilya Prigogine, *La Fin des certitudes*
N° 55 : Ginette Raimbault, Caroline Eliacheff, *Les Indomptables*
N° 56 : Marc Abélès, *Un ethnologue à l'Assemblée*
N° 57 : Alicia Lieberman, *La Vie émotionnelle du tout-petit*
N° 58 : Robert Dantzer, *L'Illusion psychosomatique*
N° 59 : Marie-Jo Bonnet, *Les Relations amoureuses entre les femmes*
N° 60 : Irène Théry, *Le Démariage*
N° 61 : Claude Lévi-Strauss, Didier Éribon, *De près et de loin*
N° 62 : François Roustang, *La Fin de la plainte*
N° 63 : Luc Ferry, Jean-Didier Vincent, *Qu'est-ce que l'homme ?*
N° 64 : Aldo Naouri, *Parier sur l'enfant*
N° 65 : Robert Rochefort, *La Société des consommateurs*
N° 66 : John Cleese, Robin Skynner, *Comment être un névrosé heureux*
N° 67 : Boris Cyrulnik, *L'Ensorcellement du monde*
N° 68 : Darian Leader, *À quoi penses-tu ?*
N° 69 : Georges Duby, *L'Histoire continue*
N° 70 : David Lepoutre, *Cœur de banlieue*
N° 71 : Université de tous les savoirs 1, *La Géographie et la Démographie*
N° 72 : Université de tous les savoirs 2, *L'Histoire, la Sociologie et l'Anthropologie*
N° 73 : Université de tous les savoirs 3, *L'Économie, le Travail, l'Entreprise*

N° 74 : Christophe André, François Lelord, *L'Estime de soi*
N° 75 : Université de tous les savoirs 4, *La Vie*
N° 76 : Université de tous les savoirs 5, *Le Cerveau, le Langage, le Sens*
N° 77 : Université de tous les savoirs 6, *La Nature et les Risques*
N° 78 : Boris Cyrulnik, *Un merveilleux malheur*
N° 79 : Université de tous les savoirs 7, *Les Technologies*
N° 80 : Université de tous les savoirs 8, *L'Individu dans la société d'aujourd'hui*
N° 81 : Université de tous les savoirs 9, *Le Pouvoir, L'État, la Politique*
N° 82 : Jean-Didier Vincent, *Biologie des passions*
N° 83 : Université de tous les savoirs 10, *Les Maladies et la Médecine*
N° 84 : Université de tous les savoirs 11, *La Philosophie et l'Éthique*
N° 85 : Université de tous les savoirs 12, *La Société et les Relations sociales*
N° 86 : Roger-Pol Droit, *La Compagnie des philosophes*
N° 87 : Université de tous les savoirs 13, *Les Mathématiques*
N° 88 : Université de tous les savoirs 14, *L'Univers*
N° 89 : Université de tous les savoirs 15, *Le Globe*
N° 90 : Jean-Pierre Changeux, *Raison et Plaisir*
N° 91 : Antonio R. Damasio, *Le Sentiment même de soi*
N° 92 : Université de tous les savoirs 16, *La Physique et les Éléments*
N° 93 : Université de tous les savoirs 17, *Les États de la matière*
N° 94 : Université de tous les savoirs 18, *La Chimie*
N° 95 : Claude Olievenstein, *L'Homme parano*
N° 96 : Université de tous les savoirs 19, *Géopolitique et Mondialisation*
N° 97 : Université de tous les savoirs 20, *L'Art et la Culture*
N° 98 : Claude Hagège, *Halte à la mort des langues*
N° 99 : Jean-Denis Bredin, Thierry Lévy, *Convaincre*
N° 100 : Willy Pasini, *La Force du désir*
N° 101 : Jacques Fricker, *Maigrir en grande forme*
N° 102 : Nicolas Offenstadt, *Les Fusillés de la Grande Guerre*
N° 103 : Catherine Reverzy, *Femmes d'aventure*
N° 104 : Willy Pasini, *Les Casse-pieds*
N° 105 : Roger-Pol Droit, *101 Expériences de philosophie quotidienne*
N° 106 : Jean-Marie Bourre, *La Diététique de la performance*
N° 107 : Jean Cottraux, *La Répétition des scénarios de vie*
N° 108 : Christophe André, Patrice Légeron, *La Peur des autres*
N° 109 : Amartya Sen, *Un nouveau modèle économique*
N° 110 : John D. Barrow, *Pourquoi le monde est-il mathématique ?*

N° 111 : Richard Dawkins, *Le Gène égoïste*
N° 112 : Pierre Fédida, *Des bienfaits de la dépression*
N° 113 : Patrick Légeron, *Le Stress au travail*
N° 114 : François Lelord, Christophe André, *La Force des émotions*
N° 115 : Marc Ferro, *Histoire de France*
N° 116 : Stanislas Dehaene, *La Bosse des maths*
N° 117 : Willy Pasini, Donato Francescato, *Le Courage de changer*
N° 118 : François Heisbourg, *Hyperterrorisme : la nouvelle guerre*
N° 119 : Marc Ferro, *Le Choc de l'Islam*
N° 120 : Régis Debray, *Dieu, un itinéraire*
N° 121 : Georges Charpak, Henri Broch, *Devenez sorciers, devenez savants*
N° 122 : René Frydman, *Dieu, la Médecine et l'Embryon*
N° 123 : Philippe Brenot, *Inventer le couple*
N° 124 : Jean Le Camus, *Le Vrai Rôle du père*
N° 125 : Elisabeth Badinter, *XY*
N° 126 : Elisabeth Badinter, *L'Un est l'Autre*
N° 127 : Laurent Cohen-Tanugi, *L'Europe et l'Amérique au seuil du XXIe siècle*
N° 128 : Aldo Naouri, *Réponses de pédiatre*
N° 129 : Jean-Pierre Changeux, *L'Homme de vérité*
N° 130 : Nicole Jeammet, *Les Violences morales*
N° 131 : Robert Neuburger, *Nouveaux Couples*
N° 132 : Boris Cyrulnik, *Les Vilains Petits Canards*
N° 133 : Christophe André, *Vivre heureux*
N° 134 : François Lelord, *Le Voyage d'Hector*
N° 135 : Alain Braconnier, *Petit ou grand anxieux ?*
N° 136 : Juan Luis Arsuaga, *Le Collier de Néandertal*
N° 137 : Daniel Sibony, *Don de soi ou partage de soi*
N° 138 : Claude Hagège, *L'Enfant aux deux langues*
N° 139 : Roger-Pol Droit, *Dernières Nouvelles des choses*
N° 140 : Willy Pasini, *Être sûr de soi*
N° 141 : Massimo Piattelli Palmarini, *Le Goût des études ou comment l'acquérir*
N° 142 : Michel Godet, *Le Choc de 2006*
N° 143 : Gérard Chaliand, Sophie Mousset, *2 000 ans de chrétientés*
N° 145 : Christian De Duve, *À l'écoute du vivant*
N° 146 : Aldo Naouri, *Le Couple et l'Enfant*

N° 147 : Robert Rochefort, *Vive le papy-boom*
N° 148 : Dominique Desanti, Jean-Toussaint Desanti, *La liberté nous aime encore*
N° 149 : François Roustang, *Il suffit d'un geste*
N° 150 : Howard Buten, *Il y a quelqu'un là-dedans*
N° 151 : Catherine Clément, Tobie Nathan, *Le Divan et le Grigri*
N° 152 : Antonio R. Damasio, *Spinoza avait raison*
N° 153 : Bénédicte de Boysson-Bardies, *Comment la parole vient aux enfants*
N° 154 : Michel Schneider, *Big Mother*
N° 155 : Willy Pasini, *Le Temps d'aimer*
N° 156 : Jean-François Amadieu, *Le Poids des apparences*
N° 157 : Jean Cottraux, *Les Ennemis intérieurs*
N° 158 : Bill Clinton, *Ma Vie*
N° 159 : Marc Jeannerod, *Le Cerveau intime*
N° 160 : David Khayat, *Les Chemins de l'espoir*
N° 161 : Jean Daniel, *La Prison juive*
N° 162 : Marie-Christine Hardy-Baylé, Patrick Hardy, *Maniaco-dépressif*
N° 163 : Boris Cyrulnik, *Le Murmure des fantômes*
N° 164 : Georges Charpak, Roland Omnès, *Soyez savants, devenez prophètes*
N° 165 : Aldo Naouri, *Les Pères et les Mères*
N° 166 : Christophe André, *Psychologie de la peur*
N° 167 : Alain Peyrefitte, *La Société de confiance*
N° 168 : François Ladame, *Les Éternels Adolescents*
N° 169 : Didier Pleux, *De l'enfant roi à l'enfant tyran*
N° 170 : Robert Axelrod, *Comment réussir dans un monde d'égoïstes*
N° 171 : François Millet-Bartoli, *La Crise du milieu de la vie*
N° 172 : Hubert Montagner, *L'Attachement*
N° 173 : Jean-Marie Bourre, *La Nouvelle Diététique du cerveau*
N° 174 : Willy Pasini, *La Jalousie*
N° 175 : Frédéric Fanget, *Oser*
N° 176 : Lucy Vincent, *Comment devient-on amoureux ?*
N° 177 : Jacques Melher, Emmanuel Dupoux, *Naître humain*
N° 178 : Gérard Apfeldorfer, *Les Relations durables*
N° 179 : Bernard Lechevalier, *Le Cerveau de Mozart*
N° 180 : Stella Baruk, *Quelles mathématiques pour l'école ?*

N° 181 : Patrick Lemoine, *Le Mystère du placebo*
N° 182 : Boris Cyrulnik, *Parler d'amour au bord du gouffre*
N° 183 : Alain Braconnier, *Mère et Fils*
N° 184 : Jean-Claude Carrière, *Einstein, s'il vous plaît*
N° 185 : Aldo Naouri, Sylvie Angel, Philippe Gutton, *Les Mères juives*
N° 186 : Jean-Marie Bourre, *La Vérité sur les oméga-3*
N° 187 : Édouard Zarifian, *Le Goût de vivre*
N° 188 : Lucy Vincent, *Petits arrangements avec l'amour*
N° 189 : Jean-Claude Carrière, *Fragilité*
N° 190 : Luc Ferry, *Vaincre les peurs*
N° 191 : Henri Broch, *Gourous, sorciers et savants*
N° 192 : Aldo Naouri, *Adultères*
N° 193 : Violaine Guéritault, *La Fatigue émotionnelle et physique des mères*
N° 194 : Sylvie Angel et Stéphane Clerget, *La Deuxième Chance en amour*
N° 195 : Barbara Donville, *Vaincre l'autisme*
N° 196 : François Roustang, *Savoir attendre*
N° 197 : Alain Braconnier, *Les Filles et les Pères*
N° 198 : Lucy Vincent, *Où est passé l'amour ?*
N° 199 : Claude Hagège, *Combat pour le français*
N° 200 : Boris Cyrulnik, *De chair et d'âme*
N° 201 : Jeanne Siaud-Facchin, *Aider son enfant en difficulté scolaire*
N° 202 : Laurent Cohen, *L'Homme-thermomètre*
N° 203 : François Lelord, *Hector et les secrets de l'amour*
N° 204 : Willy Pasini, *Des hommes à aimer*
N° 205 : Jean-François Gayraud, *Le Monde des mafias*
N° 206 : Claude Béata, *La Psychologie du chien*
N° 207 : Denis Bertholet, *Claude Lévi-Strauss*
N° 208 : Alain Bentolila, *Le Verbe contre la barbarie*
N° 209 : François Lelord, *Le Nouveau Voyage d'Hector*
N° 210 : Pascal Picq, *Lucy et l'obscurantisme*
N° 211 : Marc Ferro, *Le Ressentiment dans l'histoire*
N° 212 : Willy Pasini, *Le Couple amoureux*
N° 213 : Christophe André, François Lelord, *L'Estime de soi*
N° 214 : Lionel Naccache, *Le Nouvel Inconscient*
N° 215 : Christophe André, *Imparfaits, libres et heureux*
N° 216 : Michel Godet, *Le Courage du bon sens*

Ouvrage proposé par
Willy Pasini

Cet ouvrage a été transcodé et mis en pages
chez Nord Compo (Villeneuve d'Ascq)

Achevé d'imprimer en mars 2015
sur les presses numériques de l'Imprimerie Maury S.A.S.
Z.I. des Ondes – 12100 Millau
N° d'impression : C15/52045 N
N° d'édition : 7381-2265-3
Dépôt légal : mars 2008

Imprimé en France